SEALDs

シールズ選挙

SEALDs

〈野党は共闘！〉

横田一

SEALDs

SEALDs

SEALDs

緑風出版

次　シールズ選挙〈野党は共闘！〉

第四章　プレイバック2015年はデモの年

第五章　安倍政権打倒の必要性

はじめに　日本の政治はシールズから動く

――倒閣の急先鋒は橋下徹氏から奥田愛基氏へ

若者世代の代弁者で倒閣の急先鋒だった橋下徹氏

　二〇一六年一月、安全保障関連法の廃止を訴える学生団体「ＳＥＡＬＤｓ（シールズ）」（自由と民主主義のための学生緊急行動）が「二〇一六年は選挙イヤー」と位置づけ、「参院選の三二の一人区全勝」「投票率七五％」を目標に掲げ、本格的に動き始めた。夏の参院選に向けて野党統一候補擁立を目指す「市民連合」（学者の会やママさんの会など戦争法反対団体が設立）にも加わり、政策立案組織「リデモス（ＲｅＤＥＭＯＳ）」も立ち上げ、中心メンバーの奥田愛基《あき》氏は「動画や若者向け雑誌の発行など情報発信にも力を入れたい」と意気込んでいる。

　昨年（二〇一五年）、国会前集会で野党結集の〝接着剤役〟を果たしたシールズは、衆参ダブル選挙の可能性が高まる今年も、野党共闘を呼び掛けるなど日本の政治を動かす中心的存在であり続けているのだ。

　シールズの目標「投票率七五％」で思い出すのは、四年前の二〇一一年十二月の大阪市長選挙だ。当時、「政権交代の可能性も十分」との予測が出るほどの飛ぶ鳥を落す勢いだった「維新の会」率いる橋下徹市長（当時）は、棄権率が高かった若者世代の票を集めて、基礎票（組織票）で勝る既成政党推薦の平松邦夫市長を打ち破った。この時の投票率は六〇・九二％で、二〇〇七年の四四％に比べ一七％も急増、大阪市長選で六〇％を超えたのは四十年ぶりだった。

選挙プランナーの三浦博史氏（「アスク」社長）はこう分析した。

「本来なら投票場にあまり行かない二十歳代、三十歳代の投票率が大幅に増えたことが橋下市長の圧勝につながった。特に三十歳代が動きました。この世代が動くと、選挙が変わり、当選者が変わる。選挙プランナーとして、これまで若い世代の投票率を上げようとしてきたが、なかなか思い通りに行くことはなかった。しかし橋下市長はそれをやった。アメリカ大統領選ではオバマ大統領が二〇〇八年にやった。『Y世代』と呼ばれる十九歳から三十歳の有権者に徹底的にシフトをして、クリントン氏ら他の候補を振り切ったのです。選挙プランナーの目から見て、動かし難い若者世代の票を動かした橋下市長は凄いと思う」。

シールズが目指すのは、若者世代が投票場に足を運んだ四年前の大阪市長選の高投票率を、今夏の参院選や次期総選挙で再現することだ。

ちなみに、「若い世代の心に響くことを一つか二つに絞って訴えたことが橋下氏の勝因」とも指摘した三浦氏は、具体的政策として①「市役所の旧体制を壊す」と繰り返した「公務員改革」と、②世代間格差を是正する年金制度の抜本的改革案「積立方式への転換」をあげた。そして三浦氏はダブル選翌月の二〇一二年一月、こう予測した。

「若者優遇政策を訴える政治家は見たことがない。今年の日本の政治は、橋下市長（当時）を中心に大阪から動く」。

実際、政治は大阪から動いた。大阪ダブル選挙二連勝で勢いに乗った橋下氏は、大飯原発再稼働に邁進する野田政権を打倒すると宣言。開講した維新塾で候補者を発掘、次期総選挙に全国各地で候補者を擁立すると発表、政権奪取の可能性すら取り沙汰されるほどになった。その勢いを踏み台にしてゾンビのように最高権力者に返り咲いたのが安倍晋三首相だった。

安倍首相は二〇一二年九月に自民党総裁になる前、お腹が痛くなって政権を投げ出した「日本一弱い総理」という評価だった。ただ当時、飛ぶ鳥を落とす勢いだった維新の橋下氏との関係が注目され、安倍氏は影響力を増していった。自民党国会議員の間では「維新の候補が（自分の選挙区から）出たら落選だ」という恐怖感が広がっていたが、維新には全小選挙区に候補を立てるほどの人材はそろっていなかったため、「維新の候補者が（選挙区に）立たないように」と願ってもいた。そして「安倍さんを支持すれば、自分の選挙区には維新は候補者を立てないのではないか」という期待感が生まれ、史上最弱の元首相が総裁選で勝利した。そして二〇一二年十二月の総選挙でも圧勝して政権奪還、首相再登板に成功した。

つまり安倍首相にとって橋下氏は、第二次安倍政権誕生の〝産みの親〟といえる。安倍首相が維新の大阪都構想を支持したり、たっぷりと時間を取って橋下氏と面談をするのは、どん底から再び頂点まで登り詰めるきっかけを作ってくれた恩義の賜物に違いないのだ。

一方、踏み台にされた橋下氏は勢いを失っていった。安倍首相に維新代表就任（自民党離党も伴う）を断られた後、代わりに原発推進の石原慎太郎元知事が共同代表となったが、その頃から原発再稼働反対を口にしなくなった。そして大阪都構想実現のためであろうが、歌を歌うのを忘れたカナリアのように政権批判を口にすることもなくなった。若者世代の圧倒的支持を受けた倒閣の急先鋒だった橋下氏は、安倍政権を下支えする補完勢力に変り果て、原発推進で安保関連法（戦争法）ゴリ押しの安倍首相の〝下僕〟のような存在に成り下がってしまったのだ。

二〇一六年の政治はシールズから動く

二〇一二年に「再稼働邁進の野田政権を倒す」を訴えて支持拡大をした橋下氏と入れ替わるように登場したのが、「違憲の戦争法ゴリ押しの安倍政権を倒そう」と国会前で呼びかけた「シールズ」だった。若者世代を代弁する政権打倒の斬り込み隊長役が、橋下氏から奥田氏らに〝主役交代〟したともいえる。そして同時に、日本の政治はシールズから動いていった。

二〇一五年八月三十日、シールズらが呼びかけた国会前集会（デモ）には約十二万人が参加、全国では百万人を超える市民が安保法案反対の声をあげた。翌九月十九日に安保法案は成立したものの、未明まで続いた国会前集会では「野党は共闘」「選挙に行こうよ」といったかけ声が途切れることなく続き、翌二〇一六年の参院選や次期総選挙で自公を過半数割れに追い込む新たな闘いがスタートする日となった。

安倍政権打倒（〝護憲連立政権〟誕生）には野党共闘が不可欠だが、この気運を高めるのにもシールズは貢献した。安全保障関連法の廃止を訴える学生団体シールズなど五つの市民団体は二〇一五年十二月二十日、参院選で野党系候補を支援する「市民連合」（正式名称「安保法制の廃止と立憲主義の回復を求める市民連合」）を設立した。安保法廃止を旗印に参院選での統一候補擁立を働きかけ、安倍政権に対抗し得る野党勢力の結集を促すのが目的だった。

この市民連合の呼び掛けで野党共闘の気運は高まっていき、熊本選挙区を皮切りに全国三二ある参院一人区全てで野党統一候補が擁立されていった。参院選の前哨戦とされた北海道五区補選（二〇一六年四月二十四日投開票）でも野党共闘が成立、共産党が候補者を降ろし、野党四党（民進党・共産党・社民党・生活の党）が推薦する池田まき候補が野党統一候補となった。この北海道五区補選でも奥田愛基氏らシールズメンバーは、土日を中心に代わる代わる現地入りし、池田候補を支援した。野党統一候補を市民が支援していく「野党共闘・市民参加型選挙」を進めていったのだ。

結果は与党候補に約一万二〇〇〇票差で惜敗したが、安倍政権を震撼させるほどの大善戦だった。選挙参謀を務めた馬淵澄夫・民進党副幹事長が一人区での〝勝ちパターン〟をつかんだのは確実で、二〇一二年十二月以降、約三年半にわたって「一強多弱」を誇ってきた第二次安倍政権の屋台骨が揺らぎ始めた。まさに日本の政治はシールズ周辺から動き出しているといえるのだ。

第一章

北海道5区補選で安倍政権打倒の〝勝ちパターン〟

野党共闘・市民参加型選挙の上積み効果は四万票以上

「町村信孝・元衆院議長の弔い合戦で、これだけ大多数の企業団体の推薦をもらっていれば、自公推薦の和田義明氏が圧勝して当然でしたが、池田まき候補が猛追して投開票一週間前には逆転をした。熊本地震で政府の災害対応の映像が連日流れ、補選への関心が若干薄れることがなければ、野党統一候補の奇跡の逆転勝利となっていたことでしょう」

こう話すのは、補選を取材してきた地元記者だ。たまたま熊本地震が起きて安倍政権は敗北を免れたが、次期衆院選で同じ顔触れで闘った場合、池田氏が勝つ可能性が高いということだ。参院選一人区や次期総選挙のモデルケースとなる選挙結果となっていたともいえる。

「今回の補選では、自民党国会議員二八〇人以上を投入するなどの総力戦を展開したのにもかかわらず、接戦となった。安倍晋三首相が同日選見送りを口にしたのは、熊本地震への対応が理由となっていますが、実際は野党共闘が思っていた以上に効果を発揮したことから、『とてもダブル選挙を仕掛けられる状況にない』と追い詰められたのは確実です」（永田町ウォッチャー）。

しかし補選直後の安倍首相の狼狽ぶりを、マスコミは今回の補選の「野党共闘の市民参加型選挙」を過小評価する否定的報道や事実誤認の歪曲報道で覆い隠した。

たとえば、「衆院補選　北海道五区自民勝利」「和田氏　野党統一候補破る」と銘打った四月二十五日付読売新聞は、「町村氏の娘婿で、後継者として出馬した和田氏は、自民党支持の企業・団体や公明党の支持母体・創価学会の票を固めた。地域政党『新党大地』の支持層も着実に取り込んだ」と指摘したが、明らかな事実誤認だ。前回（二〇一四年十二月）の総選挙では、自民党の故・町村信孝前衆院議長の約一三万一〇〇〇票に対し、民主党と共産党の野党候補の合計は約一二万六〇〇〇票で、基礎票が約二万五〇〇〇票の新党大地は民主支援に回っていた。だが、新党大地は前回と違って今回は与党に鞍替えをしていたことから、本来なら「一五万六〇〇〇票（プラス二万五〇〇〇票）対　一〇万一〇〇〇票（マイナス二万五〇〇〇票）」と五万票以上の大差がつくはずだが、実際は約一万二〇〇〇票差にすぎなかった。「新党大地の支持層は着実に取り込めず、野党共闘による上積み効果は四万票以上」というのが実態なのだ。

これほど大きな効果が出ているのに、同日付産経新聞も「北海道五区補選は安倍首相にとって、野党共闘の限界を露呈させることに成功」といつもながらの〝政権称賛報道〟に終始した。四万票以上の上積み効果を「限界を露呈」と否定的に表したのだ。

意外だったのは、毎日新聞と東京新聞が産経や読売と五十歩百歩のいい加減な報道をしたことだ。

同日付毎日新聞は「和田氏が初当選　参院選に弾み」「野党共闘出足くじく」「野党無所属戦術に壁」と与党の成果を強調する見出しを打ち、「政党が前面に出ず、『無所属』候補を相乗りして支持拡大を図る民進党など野党四党の戦術は、夏の参院選に向けて見直しを迫られそうだ」と軌道修正の必要性を指摘するほどだった。

一方、東京新聞も「野党統一候補は、注目度が上がることで各党の基礎票の合計よりも多くの票が集まる『上積み効果』が期待されている。今回はそこまでの効果はなく」と決めつけた。野党共闘の市民型選挙によって、新党大地の鞍替え効果（出入りで五万票）をほぼ相殺する「上積み効果」が出ていたのに、前回と今回の得票数を同じ土俵で並べるだけのズサンな分析で事足りてしまったのだ。

「新党大地の鈴木宗男代表と故・町村氏は犬猿の仲で、宗男氏は執拗な町村批判をするなどして地元保守票を野党側（旧民主党）に取り込むのに貢献していました。前回は町村氏に向けられたネガティブキャンペーンの矛先が、今回は野党側に向けられた。新党大地が町村後継の和田氏支援に回ったことで、かつてのマイナス要因が消え去ると同時に、野党切り崩しのプラス要因となったのです。鞍替えによる反発が若干残ったにせよ、この出入り効果（推定で約五万票）を無視できるはずがありません。新党大地の鞍替えで和田陣営に楽勝ムードが流れたのはこのためです」（地元記者）。

ダブル選見送りを示唆した安倍政権が衝撃を受けたに違いない数字は、他にもある。無党派層の約七割が池田候補に投票したことだ。「共産党が望んだ党首揃い踏みをしないなど池田陣営は『市民が前面に出て政党は一歩引く』というスタイルを貫いたが、これが成功したといえます」（池田陣営関係者）。

しかも世論調査の政党支持率は自公で四〇％強に対し共闘四野党で二〇％足らずで、参院選比例代表の投票先でもダブルスコアの大差をつけられている。政党激突選挙では野党惨敗必至だったのに、新しい「野党共闘の市民参加型選挙」で互角の勝負ができた――これが今回の補選最大の収穫であり、参院選や次期衆院選でモデルになるのは間違いないのだ。

大善戦で選挙参謀の馬淵澄夫氏がつかんだ〝勝ちパターン〟

和田義明候補に当確が出た直後の四月二十四日二十二時すぎ、池田まき候補の選挙事務所で、選挙参謀を務めた馬淵澄夫・民進党副幹事長が囲み取材に応じていた。党本部から補選を任された馬淵氏は一月七日から三カ月半、現場に張り付いた責任者。「弔い合戦で出遅れたという不利な中での接戦は、大善戦といえるのではないか」と聞くと、一呼吸置いて「結果が全てなので私の責任と重く受け止めています」と答えたが、落胆の気配は全く感じられず、その声は自信に満ち溢れていた。そして、こう断言した。

「野党連携が成功したという成果は見出せた」。

なぜ馬淵氏は、惜敗のショックに打ちひしがれていなかったのか。

「巨大自衛隊基地を含む選挙区でなければ、池田候補が当選したと推察できる」と結論づけたのは、選挙区内の六市一町一村別の得票を分析した青山貞一・東京都市大学名誉教授だ。

北海道五区には、航空自衛隊基地がある「千歳市」と陸上自衛隊駐屯地のある「恵庭市」があり、この二市で和田氏は一万七五三七票の差をつけたのに対し、池田氏は残りの四市（「札幌市厚別区」「江別市」「北広島市」「石狩市」）で和田氏を上回っていた。つまり自衛隊関係者が多い「千歳市」と「恵庭市」を除くと、結果は逆転する。「北海道五区内の平均的市町村に限れば、池田候補が競り勝っていた」ことになるのだ。

官邸が急にダブル選に消極的になったのは、無理もない。次期衆院選で今回と同じような「自公推薦の与党候補　対　野党統一候補」の構図となれば、「全国各地の平均的小選挙区で、オセロゲームのように与党から野党に引っくり返るケースが続出する」と予測できるから

池田まき候補と握手をする選挙参謀の馬淵澄夫・民進党副幹事長

だ。敗北直後とは思えない馬淵氏の明るい表情は、安倍政権打倒の〝勝ちパターン〟をつかんだ自信の現れに違いないのだ。

同じく馬淵氏が陣頭指揮を取った二〇一四年四月の衆院鹿児島二区補選でも惜敗をしたものの、自公推薦候補の出身地を除く平均的地区では野党候補が上回っていた。これに自信をつけた馬淵氏は、三カ月後の滋賀県知事選でも同じ選挙スタイルを踏襲、自公推薦候補敗北（民主党衆院議員だった三日月大造知事の誕生）につなげたのだ。「一強多弱」の安倍政権に大きな衝撃を与えた〝滋賀ショック〟でも馬淵氏が選挙参謀をしていたのである。（一八〇〜一八八ページ参照）。

ちなみに過去の弔い合戦の戦績は「一三勝二敗」。しかも和田氏に三カ月以上も池田氏は出遅れてもいた。こうした圧倒的不利な状況から横一線になった要因として馬淵氏は、「野党共闘」「安倍政権のほころび」「池田まき候補の人柄」をあげた。「野党共闘で市民と一緒に推せる候補者を立ててアベ政治批判をしていけば、与党と互角の戦いが出来る」ということだ。

しかも今回の補選では、市民が参加する新しい動きも始まっていた。奥田愛基氏らシールズのメンバーも駆け付け、地元の若者グループやママさんの会などと連携しながら池田氏を応援した。三月二十日には奥田氏が札幌を訪れ、池田候補とのトークイベントに参加。「市民の動きにちゃんと応えようとしている。安保関連法に反対する理由も生活の実感に根ざしていて、心から推せる候補だ。俺たち全員の選挙として一緒に頑張りたい」と支持表明。その後、街宣もした。

告示二日前の四月十日、千歳市内で開かれた集会での奥田氏のスピーチには大きな拍手が沸き起こり、閉会直前には一緒に現地入りしていたシールズのメンバーも登壇、投票率向上や市民の声を届けるための具体的な取り組みなどを提案した。アメリカ大統領選のサンダース旋風と重なり合う、新しい市民参加型選挙が芽生えてもいたのだ。「野党統一候補を市民参加型選挙で応援する」という今回の北海道五区補選モデルに対して、安倍首相が戦々恐々としているのは間違いないのだ。

奥田愛基氏のスピーチ
（二〇一六年四月十日、池田まき候補や鳥越俊太郎氏らがスピーチした千歳市内での集会）

昨日までマニラに行っていまして、気温が三五度でした。風邪をひきそうです。マニラで何をやってたかというと、東アジアの学生たちが集まって、民主主義や社会、ムーブメントについて話し合ってきました。そこで、各国の現状を報告して、「日本は比較的民主主義の国なんだ」とも言われました。情報がちゃんと公開されているし、選挙もちゃんとあるし、と。それで部屋に戻ってきてみた文書がこれ（TPP交渉の黒塗り文書）でした。（笑い）これ、TPP（環太平洋戦略的経済連携協定）の交渉の現状と交渉方針。どうやってこれで現状、分かれと言うのですかね。「これを元に何を国会で話すつもりだったのだ」と聞きたいですよね。

（池田まき候補に）対する候補者が「北海道にグローバル経済をもりあげていきたい」と。TPPによって北海道のグローバル経済がどうなるのか。すごく不安ですよね。こういう舐めた政治を僕は許してはならないと思います。エリートの人たちが勝手に決めて、それに「お前らは従え」というのですよ。「俺たちで決めたからお前らには教えないよ」「馬鹿な奴には教えないよ」「デモとか勝手にやったらいいじゃん、もう交渉しちゃったから」。これ、許せないですよね。

国家のために国民があるのじゃない。「国民のために国があるべき」ですよね。それが民主主義国家ですよね。なんて僕が思うのは、今回の選挙、ぜひ候補者ももちろん頑張んなきゃいけない、それは当たり前だけど、でもやっぱり「主役は僕たちだ」と思いたいのですよね。僕は北海道の人じゃないけど、この選挙に責任があると思っています。この国に生きる人として。この国の未来がかかっています。

「今回の選挙で自民党がまた勝ってしまう」という人がいます。「どうせ野党はだらしないから」という人もまた出てきました。

同じような光景を去年も見ました。去年（二〇一五年）の安保法制が通る前、五月か六月です。「どうせ通ってしまう」「野党はだらしない」という人が沢山いました。

そんなことはね、言われなくても分かっているのですね。だから、こうやって頑張っているのでしょ。自分たちが頑張った結果として去年、あれだけの盛り上がりがありました。この今回の選挙も、最初はずいぶん差があるって言われていました。でも、今どうですか。自分たちが動いたから、この光景が見えているのだと思っています。だから、もっともっと誇っていいと思います。

俺の友達は、アメリカのすし職人をやっていました。「アイオワでバーニー・サンダースの選挙の光景が日本と全然違った」と熱くアメリカから電話がかかってきました。時差もあるのに、うっとうしいなと思いました。バーニー・サンダースの選挙では、広報の動画でも市民の人が主役で映っているのですって。「サンダースがどれだけ素晴らしいか」ということを自分が語るのではなくて、市民、応援する人がどんどん動画撮って上げているのです。そこではサンダースも主役だけど、市民も主役なのですよ。

先日、池田まきさんの動画をみました。半分くらい、市民の人が映っている。そして最後は、応援している人たちの写真が映っている。その人たちの笑顔がとってもすてきでした。もっともっと、そのすてきな笑顔がみたいし、もっともっと自分たちの出来ることがあると思います。候補者の人たちが回れる範囲って限られているし、それを補うことができるのは、私たち市民です。

週刊誌の情報によると今、自民党の候補者は、北海道に秘書千人くらい連れてきて、総がかりでやっているそうです。残念ながら野党の秘書って、千人いるのかな。いないけど、いいのです。秘書は千人いないけど、ここに千人以上の人がいます。

僕たちは選挙の光景をきっと変えられると思います。というか、「変えたい！」「いい加減、この滅茶苦茶な政治を終わらせたい！」。何で、こんなものを毎回見ないといけないんですか。この前、パナマペーパーというのが出ていましたけれど、要は、金持ちがもっとお金持ちになって、脱税とか税金を合法的なやり方で逃がしているのですよ。税金払いたくないからどっかに預けているのですよ。アベノミクスでも「株価が上がった」と（言われているが）。「株価が上がっているのに僕たちの生活が豊かにならないのはなぜなのだ」と。結局、金持ちはますます金持ちになって、貧乏人はもっと貧乏になっている。もう耐えられない、こんな政治には。だから「普通の人から豊かになろう」（池田まき候補のキャッチフレーズ）というのですよ。

今回の選挙はいろんな政党も関わっています。（衆院小選挙区では）初めての統一候補です。安保法制の時だって、政党が最初に動いたとは思っていません。市民が先に動いたから、政党があれだけやる気になったのだと思います。「市民が一つになると政治は変えられる」って紙（プラカード）が出ていますが、僕はそう思いたい、そう信じたい。

この国の民主主義はまだ死んでいない。まだ終わっていない。何度だって始められる。僕たちは政治政党や政治信条や、世代、おじいちゃんたちだって、僕たちの世代だって、父ちゃん母ちゃんの世代だって、弟妹の世代だって、みんな一緒にこの選挙を変えられる。市民が主役になれる。そして池田まきさんはきっと勝つ。頑張りましょう。ありがとうございました。

鞍替えした新党大地のネガティブキャンペーン

「野党統一候補の池田まき氏　対　与党候補の和田義明氏」の一騎打ちとなり、参院選やダブル選挙の試金石として全国的に注目された衆院北海道五区補選で、不可解な動きをしたのが地域政党「新党大地」（鈴木宗男代表）だ。「北海道の農業を守る」などと言ってＴＰＰ（環太平洋戦略的経済連携協定）に反対、安保関連法も批判してきたのに、今回の補選では和田氏を推薦、安倍政権に〝鞍替え〟したためだ。

ラストサンデー前日の四月十六日に札幌市で開かれた「新党大地・鈴木宗男北海道セミナー」には、たすき姿の和田氏が駆けつけて挨拶。旧民主党を除名された鈴木貴子衆院議員（同党代表代行）や宗男氏らと握手しながら、約一八〇〇人の支持者を前に支持を呼びかけたのだ。

なぜ新党大地は、安倍政権批判から与党候補支援へと立場を変えたのか。四月十日、現地入りした菅義偉官房長官の街宣に耳を傾けていた鈴木代表に「なぜ自民党に鞍替えしたのか」と聞くと、こう答えた。

「いや、俺は共産党とは一緒にやっていけないという話で。日本はいま、みんな保守の国なのですから」。

開催中の通常国会で、黒塗り文書や西川公也・元農水大臣の著書を問題視して野党が安倍政権と激突しているTPP（環太平洋戦略的経済連携協定）でも、新党大地は立場を変えた。そこで、「TPP反対をしていたのに、賛成の自民党と組むのか」「まだ批准していないではないか」と疑問をぶつけると、こんな答えが返ってきた。

「TPP交渉はまとまったのだから反対してどうします。（批准反対が）国会で通りますか。ただ反対だけしておっても、（農業の）生産性が上がりますか。決まった以上、もうひっくり返りませんよ」（鈴木氏）。

安保関連法が成立して初めての国政選挙となる今回の補選では、安保関連法が大きな争点になっていた。そこで、「安倍政権は違憲の安保関連法案を強行採決、立憲主義を破壊している」という野党的な反対の立場から変わった理由について聞くと、鈴木氏はこう説明した。

「選挙で選ばれた国会議員が国会の場で議論をしている。これ以上の立憲主義はないでしょう」「私の考えは『安保法制で地球の裏側まで行きますということは自衛隊の立場としてあってはならない』ということです。私は、安保関連法案は（衆院での）強行採決はいけないけれども、参議院の審議で山口（那津男＝公明党）代表が安倍首相の答弁を引出し、極東に限定となった。あんた方が勉強しないといけないのは、衆議院の審議では地球の裏側に行く話だったが、参議院では地理的限定が入ったことだ」「国会答弁ですから、国民に約束したわけですから、私はこれが一番重いものだと思っています」。

しかし実際には、安保関連法案が参院審議で修正されて地理的限定が書き込まれたわけではない。そこで「（憲法学者の小林節慶応大学名誉教授が合憲と評価した）維新独自案のように地理的限定を法案に明記すればいいが、法律で縛ることを安倍政権はしなかった」と指摘したところ、鈴木氏はこう反論した。

「『最初から法律で縛るべきだ』という話もあれば、『使う時にきちんと判断する』というのも民主主義の議論の中でやればいい。地球の裏側まで行くことがないことは（首相答弁を引出した）山口代表の質問で決まっている。何も懸念はないと思っている」。

公明党の尽力で安保関連法の懸念は払拭されたとの主張だが、正反対の主張をする公明党関係者もいた。公明党元副委員長の二見伸明氏は「公明党は安倍政権の歯止めになっていない。『地理的限定がかかっている』というのなら現行の周辺事態法で十分。安保法を新たに作る必要はない」と反論した。四月十七日の札幌での講演でも「苦しんでいる創価学会員は大勢いる。元公明党議員や学会幹部から『今の公明党にはついていけない』という声が出ている」と話し、創価学会員への説得を呼びかけた。

今回の補選で自民党に鞍替えをした新党大地の鈴木宗男代表や鈴木貴子衆院議員らは、民進党と共産党が選挙協力をしたことから激しい反共攻撃を繰り返した。共産党の綱領にある自衛隊解体や日米安保破棄を問題視、選挙協力をしたことで民進党の政策に影響を与えるかのようなデマ情報を垂れ流し、告示二日前の四月十日に現地入りした菅義偉官房長官も次のような主張をして足並みをそろえた。

「今度の（補欠）選挙がマスコミをはじめ全国から注目をされています。なぜ、これだけ注目をされているのか。それは、民進党と共産党が安全保障で、平和安全保障法廃止ということで、候補者を一緒になって擁立をしているからです。みなさん、今の日本の安全保障の環境、どうでしょう。今年に入って北朝鮮は、核実験を行いました。弾道ミサイルを日本の上空に発射しました。さらに短距離ミサイルを何発も何発も日本海へ撃ち込んでいるのではないでしょうか。私たち政権の仕事は、国民の皆様の生命と、そして平和な暮らしを守るのが政権の仕事あります。

共産党、党の綱領に日米安保条約の破棄です。自衛隊解散です。こうした政党が、民進党と一緒になって今度は候補者を擁立しています。日米同盟を破棄して国民の皆様の安全を守ることが出来るのでしょうか。自衛隊を解散して国民の皆様の安全を守ることが出来るのでしょうか。

私たちは国民の皆様のまさに安心安全、生命を守り、平和な暮らしを守るために、火曜日（四月十二日）から始まる選挙戦において、何としても和田さんに頑張ってもらおうじゃありませんか。どうぞ、このことを皆さんにお願いをして、私の街頭からのご挨拶をさせていただきます」

この菅官房長官と瓜二つの野党批判をしたのが、新党大地代表代行の鈴木貴子衆院議員だ。告示日の第一声に駆け付け、和田候補の事務所前でこう訴えたのだ。

「相手は、日本共産党という基本的な主義主張、ましてや国家観さえも異なる政党の支持を得ているのです。『日米安保は破棄だ』『日の丸、君が代も廃止だ』、ましてや『自衛隊も解散すべし』と日本共産党、共産主義社会の前進をいまだに綱領に掲げているのが日本共産党ではないでしょうか。そんな政党に現実的な政治が、実現可能な政治ができるというのでしょうか。

私たちの声をしっかりと政治に反映させるためにも、北海道五区は本物の政治家を求めているのだ、託していきたいのだと。最後の最後まで、投票箱の蓋が閉まるその一瞬まで、どうか皆さん、私たちの和田義明、話題の男、和田義明と声をあげていただけないでしょうか。新党大地の鈴木貴子、心から、心からお願いいたします。お願いします」。

何でもかんでも共産主義者の松山千春氏

反共攻撃の極め付けは、「新党大地」の命名者である歌手の松山千春氏だ。池田候補の選挙中の訴えの言葉尻を捉えて、何でもかんでも共産主義者と決めつけたのだ。四月十六日の「新党大地・鈴木宗男北海道セミナー」で松山氏は、約一八〇〇人の支持者に持ち歌を三曲も披露しながら、ホテルの会場に駆け付けた和田候補への支援をこう訴えた。

「和田義明くんが（選挙）活動中に足を運んでくれた。自民、公明、新党大地が推薦をしている。新党大地はどんなことがあっても、和田義明候補を勝たせる。宗男さんと亡くなられた町村さんがどんな仲だったのか。そんなことは関係がない。相手候補は民進、共産ですよ。この北海道、日本が共産主義者に乗っ取られていいのですか。中国や北朝鮮やロシアの国になりたいのですか。いま政治家の中で意見の対立はほとんどありません。『自由主義経済で民主主義でやっていこう』というのが、大体の政党間の話し合いです。唯一違うのが共産主義です。私は決して、和田君には共産主義者には負けてもらいたくない。あなたが北海道五区で、しっかりと自由主義、民主主義を守っていただきたいと思います。

特に相手候補は、池田さんだろう。言うことは分かるのだけれども、それこそ幼少期から

ＤＶを受けたとか、お母さんが（ＤＶで）救急車で運ばれて、そのままいなくなったとか。おばあちゃんが（ＤＶで）首を絞められたとか。あなたの壮絶なる人生は分かります。シングルマザーだとか。しかしながら、北海道五区で今やろうとされている選挙は、不幸の自慢大会ではありません。これからの北海道、これからの日本がどう歩んでいくかの選挙です。ちゃんとした議論をして下さい。

終いは『誰一人、置いてきぼりにしない政治』と彼女は（演説で）いいますね。これ、共産党の常套文句なのです。『誰一人、置いてきぼりにしませんよ』。そうなのです。表現の自由、報道の自由、まして私財、個人の財産すら国家に全て預けて誰一人置いてきぼりにしませんよ。池田まきさん、あなたはマルクス、エンゲルスが書いた共産党宣言をよく読まれましたね。だからこそ、こんなことが言えるのでしょうね」。

松山千春氏の和田候補応援演説

新党大地の関係者と官邸が二人三脚を組んで、激しい反共攻撃を繰返したにもかかわらず、民進党支持者の九割以上が池田候補に投票するという出口調査結果となった。民進党保守系議員や連合関係者がしばしば口にする「共産党と選挙協力をすることで保守票が逃げる」という主張は杞憂にすぎなかったのだ。民進党と共産党の幹部が補選の結果を前向きに捉えたのは当然のことなのだ。

なお松山氏が「不幸の自慢大会」と表した池田まき候補の生立ちについては、選挙参謀の馬淵澄夫氏がスピーチに盛込むことを勧め、今回の補選で初めて披露されることになった。告示日に池田氏が口にした生立ちについて馬淵氏は、応援演説の中で次のように詳しく紹介していたのだ。

「(不利な選挙戦が横一線になった理由の)三つ目はまきさんのお人柄ですよ。本当に一生懸命、(圧倒的不利な)弔い合戦に挑む。どんなすごい人かなと思ったら、本当にチャーミングな女性です。このまきさんのお人柄に皆さんが胸を打たれている。何よりもご苦労をされている。シングルマザー。これが枕詞につきますが、ご本人は本当に苦労された。

小さい頃にお父さんは家庭内暴力でした。お母さんも妹さんもご本人もその暴力を避けて、とうとうお母さんは家を離れてしまった。妹さんも同じようにおばあちゃんのところに逃げ込んだけれども、それでも暴力が行われる。

もう一人暮らしを始める。中学の時に一人暮らしです。高校の進学を夢見たけれども、残念なことに、それもかなわなかった。続けることができなかったそうです。もう働くしかない。当時のまき少女、それこそ、どんな思いだったのでしょうか。

世界地図を見るのが好きだったそうですよ。夢を見ていたそうです。どんな国があるのだろう。どんな社会があるのだろう。そんなまきさんが働きながらも、そして、いつか幸せになれると思っていたころに出会った男性と結婚されました。十代の母親でした。二人目の子供ができた。これでやっと、温かで平穏な家庭と思っていたら、ご主人が借金をされていた。借金の取り立てが来る中で蒸発をされたそうです。これも大変。そんな中で、子供と一緒に死を選ぶしかないかも知れない。その状況の中でぐっと耐えたのは、赤ちゃんや

馬淵澄夫氏の演説

その二歳の子、乳飲み子を抱えてどんなに不安だったのでしょうか。
生きるために選択したのが生活保護の受給でした。でも、いつまでもそこに頼ってはいけない。自立を目指そう。子供たちのために発起して大学検定を受けて高校卒業の資格を持って、板橋区役所に奉職です。福祉の現場におられました。それは、ご自身が大変な辛い思いをされたので、社会が救いの手を差し伸べないといけない。その願いを込めてです。

妹さんと二人、家庭内暴力を避けるためにおられたのは立ち食いソバ屋だそうです。おそばを食べるためではないのです。お客さんや店主がいるから暴力から逃れられることができる。その思いで立ち食いソバ屋に閉店までいる。

そんな状況の中でも社会は手を差し伸べてくれなかった。大人たちは可哀そうだなという顔をしても、何か行動を起こしてくれるわけではなかった。だからまきさんは福祉の現場で十四年間、それを終えてからは現場から変えていこうと努力していたのです。でも、その池田まきさんの人生に大きな転機が訪れるのです。

二〇〇九年政権交代が起きました。福祉の現場ががらりと変わる。『制度が変わる。予算がつく。やっぱり社会は政治が変えていくのだ。（政治とは）無関係、無関心でいられないと思っていたけれども、無関係どころか、政治が社会を動かしていく。だから自分も（政治に関わろう）』という思いを持って一念発起して北海道大学の大学院に挑戦をして合格され、そして、その時には子供さんは高校を卒業して、その時に息子さんが言われたそうです。『お母さんも自分の人生を好きに生きな』と背中を押してくれた。それで単身、北海道に来られました。大学院修了後、この北海道で政治活動スタートです（以下略）」。

池田氏はその後、札幌市議会議員選挙の民主党公認候補となったが、二〇一二年十二月の突然の解散で、北海道二区から出馬するも落選。今回は選挙区を変えての二度目の国政選挙挑戦となった。

第二章　シールズの奥田愛基氏が全国初の野党統一候補を応援演説

――〝日本版サンダース旋風（若者旋風）〟は熊本から広がるか

熊本の野党統一候補の決起大会で奥田愛基氏が初の応援演説

「ここが民主主義の最前線」

二〇一六年二月二十七日、熊本市内の白川公園で参院選熊本選挙区の野党統一候補・阿部広美弁護士の決起集会が開かれ、約二千人が参加した。「ＳＥＡＬＤｓ（自由と民主主義のための学生緊急行動）」の中心メンバーの奥田愛基氏も東京から駆け付け、初の応援演説をした。

「僕はデモには参加したことはありましたが、選挙の応援をしたことは初めてです。社会は変わっています」と切り出しながら、阿部氏擁立が希望となったと続けた。

「実は僕、こういうところでスピーチするのが昨年の九月か十月以来です。何をやっていたかと言うと、殺害予告が来たりとか、いろいろなことがあったり、学校に戻ったりで、大変でした。正直疲れて、学校も一カ月くらい行けないというか、満員電車に乗るのがちょっと怖いということもあったので。『安倍政権の安保法ＮＯ！』とずっと言っているのですけれども、なかなか『ＹＥＳ！』と言えることがない。この先、どうなっていくのか。野党共闘も全然決まらない。どうしようかな。そんな中で一番初めに僕の中で見つけた『ＹＥＳ！』

という言葉が、阿部広美さんが出たことでした。（拍手）良かったと思いました」。

阿部氏擁立に光明を見出した奥田氏は、続いて哲学者の柄谷行人氏の発言を紹介した。

「『デモで社会は変わらない』というが、『デモをすることでデモをすることが当たり前の社会になる』」という発言で、これを受けて今年の決意表明もした。

「実際に昨年、そうなったと僕は思っています。全国各地でデモを行った若者、お母さんたちが、お父さんたちが、自分のお爺さんやお婆さんの世代が動いていました。今年（二〇一六年）の夏はこう言いたいと思います。『私たちは社会を変えることができる。選挙を通して選挙ができる社会に変わることができる。変えることができる！』」。

「二〇一六年は選挙の年にする！」という言葉が発せられた瞬間、シンボルカラーのオレンジのタオルをつけた参加者が目立つ会場から大きな拍手が沸き起った。そして、奥田氏は安倍政権打倒の必要性を浮彫りにした。

「できないことばかり言っていても仕方がないのです。できないことはできないから、できないのです。しかし、できることはできるから、できるのです。できることをやっていきましょう。『絶望に負けそうになる』という言葉をよく耳にします。けれど、ある映画監督はこう言っていました。震災後、その映画監督はもともとバッドエンド（悪い結末）というか、グロテスクな映画を撮っていらっしゃるのですが、（ある映画で）結論をかなり希望的な映画に変えたのです。その映画監督が『何で変わったのですか』とインタビューで聞かれたときに、『希望に負けました』と言ったのです。『社会なんかどうでもいいや』とか、『やってもどうせ変わらない』とか思っていたけれども、『愛なんてどうでもいいや』とか、『助け合うとかはどうでもいいや』と思っていた人が『希望に負けた』というのです。で、負けっぱなしの人生かも知れません。けれど、どうせ負けるのなら希望に負けた方がいい。（拍手）戦争をするよりもしない方がいい。

　これから先、九月に派遣が想定されている南スーダン。この間、難民キャンプで一六人が亡くなりました。『Ｓｏｕｔｈ　Ｓｕｄａｎ（南スーダン）』でぜひ検索してＹｏｕＴｕｂｅで見てください。その光景はまさに戦場そのものです。武器を持った国連の兵隊が難民保護の名の下に撃たなければならない。私たちの国は、それをするべきかしないべきか。それは今回の選挙に関わっていると思っています。私はしたくありません。自衛隊は軍隊ではありません。自衛隊が行った行動の責任の主体は、自衛官個人にあります。国家の命令の名のもとでやった殺人のことを、自衛官個人に押し付けるのですか。国の責任としてやっていることを、『あなた個人の総合的な判断で撃ったのでしょう』と言って殺人罪で裁くのですか。

　そのような個人を大事にしない国に未来はありません。保育園がなくて働くこともままならない国に未来はありません。一人の人間が一人の人間として生きていける社会に『自己責

応援演説をした後、コールをする奥田氏。

任』というならば、『自己責任くらい取れるような社会にしろよ』と。今は、その責任すら取れない社会になっている。『最低限、国がやるべきことをやれ』『社会がやるべきことをやれ』。そのために俺は、俺ができることをやります」。

ここで一呼吸置くように奥田氏は、初の選挙演説をするに至るまでの心境にも少し触れた。

「（殺害予告が出て）正直怖くて、学校に（一カ月）行けなかった時、若干、『もう止めようかな』とちょっと思ったのですけれども、でも、またこうやって来ています。（『いいぞ』の掛け声と拍手）『民主主義って何なのかな』といつも思うのですけれども、今、ここから見えている光景は、僕にとってはすごく希望的です。これはまたデモとは違う局面に来ている。民主主義の最前線が今ここにありますよ、きっと！」

再び拍手が沸き起こった瞬間、奥田氏は突然、「民主主義って何だ！」とコールを始めた。すぐに参加者が「これだ！」と応える。そして滞ることなく、同じコールが三回繰り返されたところで奥田氏は、「ありがとうございました」と言って演説を終えた。去年夏の国会前集会での記憶が、熊本の人達にもしっかりと刻まれていることを確認したかのようだった。

続いて、貧困・格差問題に取組んできた阿部候補がマイクの前に立って、こう訴えた。

「皆さん、本当に今の政治はどう思われますか。希望が持てていますか。想像してみてください。子供を産んだら、働きたくなったら、必ず保育園に入れる。保育料も安くて無理なく払える。学校に通うのにはお金がいらない。大学まで無料で通える。遠方の大学に通う学生さんには給付の奨学金がある。そして、老後にはきちんと年金がもらえる。年金がもらえない方にも、ちゃんと生活が保障される。住むところがいつもちゃんと保障されている。介護が必要になった時には、安い費用で介護を受けることができる。一日八時間、月に二十二日も働けば、ちゃんと一人でアパートを借りて生活をすることができる。そんなささやかな幸せを皆さん、想像してみてください。

このどの一つを取っても、今の政治には出来ていないのではないでしょうか。『政治って、そんなものよね』と思われるかもしれません。ですが、視野を広く持ってみれば、そういう政治を実現している国もあります。何が違うのでしょうか。それは、たった一つだと思いま

す。私たち生活する庶民の声が政治に届いているのかどうか、だと思います。（中略）

政治はどこか遠いところで、何か訳の分からない人たちが決めている。本当にそれでいいのでしょうか。毎日毎日、料亭で高い料理を食べて、お金持ちとしか付き合わない人たちが考える政治で、本当にいいのでしょうか。私たち、地方に暮らす一人一人の庶民の声がきちんと吸い上げられて、それが政治に反映されていれば、先ほど私が述べたような本当にささやかな人々の暮らしが実現するのではないでしょうか」。

最後は、各支援団体の代表がステージに勢ぞろいして「頑張ろう！」の三唱をした後、阿部氏が「私に勇気と元気をいただきました」と感謝をした。その直後、再びコールが始まった。野党統一候補擁立を働きかけた市民団体の女性が「阿部は広美」とコールすると、すぐに奥田氏にマイクが譲り渡されて、数種類のコールで変化をつけながら掛け合いを続けたのだ。

「民主主義って何だ？」「これだ！」

「野党は共闘」「野党は共闘！」

「市民は共闘」「市民は共闘！」

「選挙に行こうよ」「選挙に行こうよ！」

「一緒に歩こう」「一緒に歩こう！」

去年（二〇一五年）の夏、国会前で鳴り響いたＳＥＡＬＤｓのコールが、そして国会議事堂前を埋め尽くしたデモの熱気が、まるでタイムスリップして熊本の地に蘇ったかのようだった。集会終了後、「初めて」とは思えない選挙演説を終えた奥田氏を、すぐに報道関係者が取り囲んだ。

――「この場から政治が変わる」みたいなことを言っていました。

奥田　「阿部さんが（候補者）」というのもあるけれども、この光景が全然普通じゃない。普通だったら市民ホールみたいな小さいところでやると思うのですけれども、野外で、まるで安保の（反対）集会の時をやっていた蓄積がそのまま、最後のコールにまで市民の行動が移っているというか。そういう意味では、新しいうねりみたいなものをすごく感じます。今まで市民運動が政治家に直接つながらないというか、脱原発運動の時だって選挙があったけれども、こんなことはなかった。ステージから見た光景は、すごく希望的でした。熊本全体から言えば、規模はまだまだなのかも知れませんが、とても新しいと思いました。

――「（二〇一六年は）選挙の年」とおっしゃいましたが、そのスタートをここから切ったと。

奥田　そんな感じがします。みんな各々がやれることをやって、出来ることを試していっている感じというか、たとえば、ステージの機材も野外ライブでしか使わないような機材でやっている。音もすごく良かった。

——これからも全国を回るのですか。

奥田　昨日（二月二十六日）も福岡に行っていて、その前は札幌（北海道五区補選関連）にも行っていました。僕だけではなくて、他の（シールズの）メンバーとか、市民連合の人たちが（全国を）回っています。

——「阿部さんが出て良かった」と言っていましたが、その理由を教えていただけないでしょうか。

奥田　昨年、安倍政権に対して、安保法制に対して「NO！」と言い続けた。国会の審議でどうするかといえば、向こう（与党）からの提案に「NO！」といわざるを得ない。しかし、「どのような政治がいいのか」と言われた時に、今の民主党を見ていて「民主党に政権を取って欲しいか」というと、「どうなのだろうか」と思う時も正直あって、野党共闘も全然進まない。各々の党が党利党略とか組織にとらわれすぎていて、市民のことを全然代弁できていないというか。民主党と維新の党が喧嘩しようがしまいが、僕らにとってはどうでもいい。我々の生活に全然関係ないのであって、それだったら「自民党にきちんと物を言ってくれる人が出てきて欲しい」と。「選挙はどうなるのか」と思っていたら、今では、野党共闘が中央で決まっていますけれども、それよりも先に阿部さんが市民に押された形で候補者として出てきたことにすごく希望というか、初めて「YES!」と言えたというか、「この人を応援したい」と思った。安保法制だけでなく、生活のところを見てくれている。

安保法制で国会が開かれたときは、そのイッシュ（問題）だけになっていたのですが、実際に僕らの仲間の中にも奨学金をたくさん借りている人もいるし、特に地方から東京に来た子（友達）は「地方に戻れない」というのです。奨学金を借りていて、それを返済できるような仕事は地方には少ない。そうなると、どんどん地元に帰れない人がいっぱい出てくる。一年生や二年生の時は「地元に帰りたい」といっていた子（友達）が四年生になると「そうは言っても」と東京など都市部での就職を考えるようになる。

そういう若者世代のこととか、介護のこととか、生活実感まで代弁してくれている候補なので、僕としては「本当に応援したい」と思います。

――中央で安保反対を訴えていることの地方への波及については。

奥田　さっきも、いろいろな人に握手されて、熊本の若者団体も自分たちがやり始めて（去年の）八月に熊本でも出来て、全国で各地で規模の大小はありますが、昨年夏（のデモで）動いた若者がたくさんいて、その人たちが選挙にも関わり始めていると考えてみると、七〇年代の安保闘争の時のように「〇〇大学で一万人いました」という話ではありませんが、それでも「若者は無関心」「選挙には関わらない」というイメージから、「やってもいいのじゃない」「できる」というところまで、規模が小さいかも知れないけど、「やってもいいじゃないの」という思いが伝わったのではないか。「野党がまとめて候補者が決まって熊本で出せた」というのは希望的だと思います。だから（去年夏のデモは）無駄じゃなかったなと思いました。改めて、全国各地、いろいろなところを回ってみて思います。札幌でも福岡でも言われました。明日も名古屋に行くのですけれども、いろいろな人がやっている。そういうものがプラットホームになって、次の選挙につながると思います。

——阿部さんのことを応援したいと思ったのは。

奥田　安保法制はもちろん、生活のことをちゃんと言っている。政治家の感覚、官僚あがりのようなところではなくて、ミニマムなところまでみた上で政治のことを考えているのがとてもいいことだと思います。政策がどういうふうに運用されるのかに興味がない政治家はたくさんいるのですが、現場を見ていて、現場に困った人がいるからこそ、「政策を変えないといけない」という発想なので、だから市民が動かないといけないことを注視している。根無し草みたいにメディアから一時期注目されて、実際には支持者の層はそんなに広くはないけれども選挙だけは勝つという人よりも、（阿部氏は）「ちゃんと信頼関係があって動いてくれる人がたくさんいる」「そういうことなしには社会は変わらない」ということをスピーチの中でも言われていたので、今までにない政治家になったらいいなと思っています。

囲み取材を切り上げた奥田氏は、阿部氏を支援する市民団体や政党関係者らとの昼食会に参加。その懇談には、去年夏の国会前デモに駆け付けた若者も加わったという。奥田氏はこうも話していた。

「(決起大会の会場で)熊本から国会前デモに参加した若者と再会しましたが、阿部さんの擁立を働きかけた市民団体のメンバーでした。戦争法反対のデモに参加した人たちがいま、全国各地で選挙に関わっています。安保関連法案は止められなかったけれども、去年のデモは無駄ではなかったのです」(奥田氏)。

デモに参加するのは当たり前になった二〇一五年の夏、各地に撒かれた〝種〟が芽を出して育ち始めている——その手ごたえを奥田氏は感じ取ったに違いないのだ。

なぜ熊本で野党統一候補擁立に成功したのか

それにしても、なぜ奥田氏が絶望の中から希望を見出し、昨年夏のデモを前向きに振り返ることができた地が熊本であったのか？　野党統一候補擁立が遅々として進まなかった中で、なぜ熊本で全国に先駆けて阿部氏擁立をすることができたのか。その発端となったのは、シールズ系の「WDW熊本（We disagree with War in Kumamoto）」や「安保関連法に反対するパパママの会熊本」や「熊本九条の会」や「平和を編む会」などの市民団体の精力的な動きだった。

安保関連法案の国会審議が山場を迎えていた昨年（二〇一五年）九月一日、「パパママの会熊本」が発足した。働きながら育児をしている母である瀧本知加氏はこの会の中心メンバーだが、阿部氏擁立に成功した理由として、「市民団体が動き出すのが早かったこと」と「いい候補者がいたこと」をあげた。

結成された「パパママの会熊本」がデモや学習会の活動を続ける中で、厳しい現実を目の当たりにした。安保関連法の採決直前には、何百人も集まっていたデモ隊が採決後には数十人になってしまったのだ。瀧本氏が子供との時間を犠牲にして活動に時間を割いてデモに参加して、「子供を守る」と訴えて街を練り歩いても、反対の熱気は次第にトーンダウンしていった。「私たちができることはちっぽけなことではないか」という思いが頭をよぎったのは、この頃のことだ。

しかし安保関連法の内容とその審議経過を目の当たりにした瀧本氏ら市民団体のメンバー

は、「こんな政治は見逃すことはできない。私たちの力で確実に変えなければならない」との思いを抱いた。そして、政治に対して市民が持っている最大の力である「選挙権の行使」の重要性に気が付いたという。

「自民党と公明党の与党の候補を落選させ、安保関連法に反対して立憲主義を取り戻す候補を勝たせることが非常に重要と確信し、『野党統一候補擁立こそが私たちの活動の希望となる』と考えたのです」（瀧本氏）。

去年十一月二十四日、「野党が協力しなければ、（自公推薦候補に）絶対に勝てない」という危機感を共有した十一の団体が集まり、「戦争させない・九条壊すな！くまもとネット」を発足させた。そして十二月六日の記者会見で、参院選で野党統一候補を擁立することを求める「要望書」を発表した。

要望書は、「集団的自衛権行使容認の閣議決定の撤回」「安保関連法の廃止」「立憲主義と民主主義を取り戻す」の三点で野党共闘して統一候補擁立を求めるものだった。そして、くまもとネットは、すぐに動き出した。会見翌日の十二月七日、民主党・共産党・維新の党・社民党・新社会党の野党五党と連合などを訪ね、この要望書を手渡したのだ。この要請書には県内五五の団体・企業が名を連ね、こうして野党統一候補擁立の機運が高まっていったのだ。瀧本氏はこう話す。

「子どもたちに残していかなければいけないのは、平和な未来です。そのためには、平和を大切にする政治を担う議員が必要なのです。ルール違反をする議員、平和の大切さを理解しない議員は要らない。市民が求める議員は、私たち市民自らが国会に送るのです」。

いち早く動いた市民団体の危機感に応えた政党や労組

「市民と政党の間の〝キャッチボール〟がうまくいった」と振り返るのは、阿部氏の後援会で副会長を務める平野みどり・元県議。各政党の動きがまだ活発でない頃に市民団体が動き出し、その働きかけに政党や労組が応えたというのだ。

「市民団体の働きかけで危機感が伝わって、政党も動き出しました。政党や労働組合の中にも勝ち目がない候補を出して選挙運動をやるよりも『結果が出るような選挙活動をしたい』『勝てる勝負をしたい』という考えがあった」（平野氏）。

熊本の野党にも市民団体と同様、安倍政権の〝暴走〟を止めなければ、という思いがあった。二〇一三年十二月に特定秘密保護法案が成立したことに対し、熊本の野党は危機感を強めていた。しかし絶対多数を占める安倍政権に対して非力感は否めず、「野党で共闘しないといけない」との考えから「秘密保護法廃止！くまもとの会」が結成された。

「ここに社民党系や民主党系や共産党系の人たちが結集して、署名集めなどの秘密保護法廃止運動をしていったのですが、この会の事務局を阿部広美さんが担っていた。この運動を通して、今回の野党統一候補擁立広まっていたのです」（平野氏）。

熊本以外の地域では、市民側が野党統一候補擁立を訴えても、民主党関係者ら野党側が「共産党とやるのは嫌だ」「共産党とは一緒に組めない」といった拒絶反応を示す場合が少なくない。なぜ熊本では、こうした共産党アレルギーを抑えることができたのか。

その理由について元県議の平野氏は「『県議会で野党共闘を積み重ねてきた』という熊本特有の要因があった」と分析していた。

熊本は川辺川ダムの反対運動が活発で、県議会（定数四八）では自民党が三〇議席と圧倒的多数を占めているのに、蒲島郁夫知事が建設中止を決断するに至った。その背景として、少数野党（民主系が五・共産党が一・新社会が一で合計七議席）が共闘して精力的な活動を転換したことがあるというのだ。

「川辺川ダム建設計画に対して、民主・共産・社民の三党で『ダムに頼らない利水治水を考える県議の会』を作って連携をしていたのです。ダム計画の検証をしながら、建設しない場合の代替案を示し、知事決断を後押しすることになったといえます。自民党が圧倒的多数の県議会の中で、少数野党が共闘して『ダム中止』を勝ち取ったともいえます。こうした活動をしていましたから、野党県議には『共産党とは話をしない』といった共産党アレルギーは皆無でした。もちろん各党で政策の違いはありますが、ダム問題などを通じて信頼関係が築かれていた。野党は意見書の採択などで足並みをそろえ、去年九月に安保関連法案が成立した時も『参院選で一緒に戦えたらいい』と話していました」（平野氏）。

熊本の野党に対しては、市民団体の評価も高かった。先の瀧本氏もこう話す。

「地元で求心力がある鎌田聡県議（民主党）にも共産党アレルギーはなく、野党統一候補擁立に向けて動いていただきました。内心では共産党アレルギーがあったのかもしれませんが、『小異にこだわっている場合ではない』という大局的な判断をされたのでしょう。ただ民主党熊本県連が『野党統一候補擁立をしたい』と言っても、『民主党本部がどう対応するのか』が心配でしたが、中央も阿部候補推薦を決定しました」。

元民主党参院議員の松野信夫弁護士は、野党統一候補擁立の追い風となった別の要因をあげた。

「熊本選出の民主党国会議員がいると、民主党公認にこだわり、口を出してやりにくかったかもしれないが、県内の五小選挙区は自民党が議席を独占。コテンパンにやられた状態だったので、『野党は共闘するしかない』との共通の思いがあった。それでまとまりやすかった」（松野氏）。

こうして熊本では、一強多弱の厳しい状況を共有する野党同士が合理的選択をしたのだ。

二〇一六年一月二十日、阿部広美候補の選挙母体「熊本から民主主義を！県民の会」（くまみん）が発足した。野党五党（民主党・共産党・維新の党・社民党・新社会党）に加えて、「戦争させない・9条壊すな！くまもとネット」などの市民団体も結集、野党統一候補の阿部氏を市民と野党五党が連携して支援する体制が整ったのだ。

元県議の平野氏はこう振り返った。

「政党や労組の度重なる裏と表の会議で、それぞれのスタンスを詰めた成果だと思います。『くまみん』には野党五党が加わっていますが、そこに至る前の段階で、まず民主と連合と社民が話し合いをして詰める段階がありました。政党や労組関係者にも『野党統一候補者は阿部さんで』という思いが広がっていました。安保関連法案反対や特定秘密保護法の集会に阿部弁護士は必ずと言っていいほど出席、司会を務めたり、発言をして存在感があったからです。阿部さんが後援会長を務めた岩田智子県議の選挙の時にも『参院選は阿部さんだ』と思っていました。共産党が候補者を下ろし、野党統一候補を応援することにしたのは大変な決断です。それぞれの野党が厳しい状況を踏まえて、賢明な判断をしたのです」

スピーチをした市民団体の関係者が「市民団体はよく『政党は市民団体のことをわかってくれない』とか文句ばかり言うが、その前に自分たちが動くことが大切」と言っていたという。「民主党はばらばらじゃないか」「この人で駄目だ」「あの人でも駄目」と文句を言うのではなく、前向きに動くということだ。

「市民側が働きかけをして危機感と熱意を示す。非の打ち所のない阿部さんのような候補者が熊本にいたのは幸運だったが、別の言い方をすれば、野党や市民が一緒に推せる候補者をいかに探し出す努力をするのか。政党の文句を言う前に、『野党統一候補が出られるように頑張ってください』と働きかける。向かう相手の安倍政権に対して、小異を捨てて大同につくことが大切です。参院選一人区や衆院選の小選挙区でオセロゲームのオセロを黒から白へ変えることができれば、政治が変わるのです」(平野氏)。

いい候補者がいたことで野党共闘が進んだ

阿部氏への求心力が、貧困家庭で育って苦学をしながら弁護士になった経歴にあるのは間違いない。バイトで学費を稼いで大学を卒業、保険会社に勤務をした後、結婚して子育てをしていた時に離婚。この時、将来の子育てを考えて弁護士になることを決意した。これが人生の転機となった。

シングルマザーとして働きながら育児をする一方で、独学の猛勉強を続けた五年目、司法試験にパスしたのだ。そして弁護士として十年間にわたって、ＤＶや雇用問題に苦しむ女性の問題、貧困や格差問題に取り組んできた。日弁連の中で貧困問題の部会にも入っていた。

「こうした阿部さんの実績は、党派やイデオロギーを超えて浸透していくのです。候補者の人柄も素晴らしい。威圧感がなくて、気さくな感じで、高飛車なところがない」（平野氏）。

二月二十七日の決起大会で阿部氏は、自らの生い立ちについてこう訴えていた。

「私は子供の時はすごく貧しい家庭に育ちました。電気が止められて、ロウソクの炎で過ごした日もありました。大学を卒業して会社員も経験しました。本当に長時間労働も経験しました。専業主婦も経験しました。そして、シングルマザーも経験しました。子供の保育園に持っていかないといけない、たった二千円のお金がなくて、子供の目の前で涙を流して泣いてしまったこともあります。その思いを忘れずに、私たち、ここで暮らす人々の思いをきちんとつなげる政治、これこそが今求められているのではないでしょうか」。

「私は十年間、弁護士をやってきて、たくさんの方の声を聞いて来ました。こういう人たちに寄り添いながら、弁護士として出来ることをやって参りました。ですが、私の弁護士としての仕事は、あくまで法律の範囲内です。今の法律の中で出来ることをやってきたつもりです。少しは人の役に立てたのかも知れません。ですが、やはり、その法律という枠組みそのものを、変えることが出来なければ、私が寄り添えなかった方、もっと苦しい状況にある方を救うことは出来ない。そう思い、立候補を決意させていただきました（拍手）」。

「ここに集まって下さった皆様と手をつなぎ、そして熊本で暮らす全ての方の思いをきちんと国政に届けたいと思っています。皆さんもどうぞ、私の手を離さずに国政に送り出し、そして、その後も一緒に、この国を変える闘いを闘っていただきますよう、お願いいたしまして、私からの挨拶にさせていただきたいと思います」。

市民団体の関係者も絶賛していた。「熊本パパママの会」の瀧本氏は一月五日、「市民連合」（正式名称は「安全保障法制の廃止と立憲主義の回復を求める市民連合」）の初めての街宣でマイクを握り、野党統一候補擁立に至る経過や阿部氏のことをこう紹介した。

「熊本の統一候補、阿部広美さんは、シングルマザーから弁護士になった馬力のある先輩ママであり、熊本で地道に平和活動や反貧困活動をしてきた。まさに熊本の市民活動が生んだ、市民が押し上げた、これ以上ない素晴らしい候補です！　熊本の統一候補擁立は、何を参考にしたわけでもありません。熊本は水俣病や川辺川ダムの問題などで、国や大企業の横暴に対して市民が結束して闘ってきた活動の歴史があります。その活動の上に、東日本大震災による福島第一原発事故で移住してきた方が新しい市民活動を展開しています。今回の野党統一候補擁立は、この（新旧の）二つの活動が重なり合って、相互に足りないところを補い合いながら、これまでとは全く異なる新しい、とても力強い大きなうねりとなっています」。

熊本から〝日本版サンダース旋風（若者旋風）〟は吹荒れるか

「安保法制の廃止と立憲主義の回復を求める市民連合」（「市民連合」）と「熊本から民主主義を！県民の会」（くまみん）」は二〇一六年二月十一日、参院選熊本選挙区の野党統一候補となった阿部広美弁護士（四九）と合同記者会見を開き、三本柱の公約に関する協定を結んだ上で、支援表明をした。市民連合が参院選候補と協定を締結するのは全国で初めてだった。

　熊本市内で行われた合意書調印と合同会見には、市民連合から「立憲デモクラシーの会」の山口二郎・法政大学教授、「安保関連法に反対する学者の会」の佐藤学・学習院大学教授、そしてＳＥＡＬＤｓの本間信和氏と芝田万奈氏氏が参加。一方、熊本からは阿部候補擁立を呼びかけた「戦争させない・九条壊すな！くまもとネット」の代表や共産党や民主党など県内五野党代表らが出席した。

　協定書の公約は、「安全保障関連法の廃止」「立憲主義回復（集団的自衛権行使容認の閣議決定の撤回を含む）」「個人の尊厳を擁護する政治の実現（具体的政策については今後協議）」の三項目。これらの公約を共有する「市民・野党統一候補」を市民連合が全力で支援すること

阿部候補と市民団体が公約を締結（2016 年 2 月 11 日、熊本市内）

や、当選した場合、特定政党に属さないことも協定書に明記されていた。

合同会見で山口氏は「熊本のケースを全国に発信、野党統一候補擁立に悩む多くの市民に『熊本の形で出来るのだ』という可能性、道を示したい」と意気込むと、これを受けて弁護士歴十年の阿部候補が次のような決意を語った。

「格差と貧困が広がって行く中で、個人の尊厳が傷づけられている。これを見過ごすことができないという思いで立ち上がりました。戦争は個人の尊厳を傷つける最たるもの。熊本の地から民主主義と立憲主義を取り戻す運動を広げていきたい」。

続いて、シールズの本間信和氏がこう挨拶した。

「政党も世代も立場も超えて、『今の自公政権の強権的で個人の尊厳をないがしろにする政治は許さない』という人達が集まって、参院選に向けて戦う準備が整うことをうれしく思っています」。

ちなみに熊本は農業県で、参院選ではＴＰＰが大きな争点になるのは確実。会見で阿部氏は「ＴＰＰには反対で、食の安全を含めて非常に大切な問題と考えている」と強調、「小規模農家を守るために何をすべきなのか。農業関係者の意見を聞きながら（政策を）詰めたい」と農業関係者との対話にも意欲的だった。なお三番目の公約である「個人の尊厳を擁護する政治の実現」の具体的政策には、ＴＰＰ反対も盛り込まれるという。自民党を支持することが多い農協や農家の切り崩しも期待できそうだ。

十八歳以上が初めて投票する参院選では、若者世代の動向も注目される。折しもアメリカでは、格差解消などを掲げるサンダース候補を大多数の若者世代が支持する現象が起きていた。一方、阿部候補も弁護士として格差や貧困問題に長年取り組み、そして若者代表のようなシールズが支援表明もしている。そこで「〝日本版サンダース旋風（若者旋風）〟が熊本で起きるのか」と聞くと、山口氏はこう答えた。

「サンダース候補は大学の学費問題などの若者向け政策を出し、支持者の若者は『選挙に関わることで社会が生きやすくなる』という希望を持って動いている。アメリカで起こっていることを日本でも起こしたい。安保法制廃止に加えて、社会を良くしていく政策も掲げて、若者に『一緒に動こう』と伝えたい」。

するると、本間さんも「日本の戦後七十年の非戦運動の文脈から出てきた『安保法制反対』や『立憲主義回復』を軸にする」と断った上で、「安保法制をめぐる議論は、経済的徴兵制への懸念など経済政策や生活保障にも関係している。安保法制以外の格差や貧困などの政策についても情報発信したい」と意気込んだ。

ＴＰＰ反対で伝統的自民党支持の農業関係者の票を切り崩し、シールズら若者世代と連携しながら〝日本版サンダース旋風〟を起こしていき、そして学費無料や保育園確保など格差是正策を訴える庶民派候補を若者世代（女性を含め）が支援する――熊本をモデルにした〝日本版サンダース旋風〟が全国に吹き荒れる可能性が出てきた。「自公対民共」（安倍首相）ではなく、「富裕層対庶民」という構図は日米で共通だからだ。参院選熊本選挙区は、市民・野党共闘のモデルケースとなりそうだ。

自称〝紛争屋〟こと伊勢崎賢治・東京外語大教授の話

――奥田愛基氏が応援演説で触れた南スーダンの状況

かつて国連平和維持活動（PKO）は停戦監視が主な任務でしたが、いまや活動のトップに「住民保護」が来ます。以前は軽装備で中立を保ち、交戦をしないのが原則でしたが、一九九四年のルワンダの内戦などで多くの住民を見殺しにしてしまったことから国連は方針転換。現在は「住民を見殺しにしない」ということになったのです。

そのため、助けを求めて来た住民を武装勢力が追っかけてきたら、自衛隊は応戦して助けないといけない。ただし、この時点で国際法の紛争当事者、いわゆる戦争になってしまうのです。

しかし憲法九条には、「国際紛争を解決する手段として武力を行使しない」と書いてある。だから僕が言いたいのは、「国民に信を問うて欲しい」ということです。自衛隊を軍隊にするのか、しないのか。憲法九条を変えるのか、変えないのか。「国際紛争を武力で解決しない」と言っていても、自衛隊がPKOで海外に行く限り、武力行使をして紛争当事者になる。だったら「国民に憲法九条を変えるのか変えないのかの信を問うてから、自衛隊を海外に送り出すのか出さないのかを決める」と言うべきなのです。それをしないで、安保法制の法整備や閣議決定だけで進めるのは、大変なリスクを背負うことになる。

今までは自衛隊は一発も弾を撃っていませんから、事件は起こしていません。ただし今の状態での話です。これまでPKOでの武器使用を正当防衛に限って来ましたが、今回の安保法制で安倍政権は「住民保護」という目的でも武器を使うことを認めようとしている。今より武器使用基準を緩めてしまったら、自衛隊のリスクは大きくなってしまう。

しかも、二〇〇七年にイラクで米軍事会社ブラックウォーター社員が市民一七人を射殺した「ブラックウォーター事件」のようなことが起きても、自衛隊の犯した軍事的過失を裁く法律が日本にはありません。

ルワンダと同じようにコンゴでも武装勢力のよる虐殺を止められず、国連は批判をあびて一昨年、中立・軽武装のPKOから戦闘部隊導入へと転換しました。二〇一三年に作られたコンゴの戦闘部隊はFIBと言います。最初から敵を殲滅する、無力化する。このコンゴと、いま自衛隊が送られている南スーダンのミッションが連動していますから、南スーダンもFIBになる可能性が十分あります。

住民保護のために自衛隊は武装勢力と交戦しないといけない。しかし、その時点で紛争当事国になってしまい、憲法違反となる。当然、南スーダンから自衛隊は撤退した方がいいのです。

第三章　安倍首相のお膝元・山口でも野党統一候補

――市民参加型選挙で支援

参院選が約三カ月後に迫った四月七日、参院山口選挙区（一人区）の野党統一候補の纐纈厚・元山口大学副学長の出馬会見が山口市内で開かれた。

政策協定を結んだ野党三党（民進党・共産党・社民党）の代表が勢揃いする中、支持者と共に纐纈氏が出馬までの経緯を振り返った後、「山口から日本を変える」という決意表明をした。「自公　対　市民・野党連合」という一騎打ちの構図が、安倍首相の地元・山口でも成り立った瞬間だった。

「纐纈氏は〝山口の小林節・慶應大学名誉教授〟のような存在。『集団的自衛権の深層』をはじめ安保法を批判する本を数多く出版。出馬会見でもアベノミクス批判をしながら、公共事業推進のアベ土建政治を酷評、『県内の談合疑惑にも斬り込む』と明言するなど対決姿勢をはっきりと打出していました」（県政ウォッチャー）。

そして強力な助っ人がすでに名乗りを上げていた。安保関連法成立後も、安倍政権打倒（護憲連立政権誕生）による戦争法廃止を訴えて〝全国講演行脚〟を続ける憲法学者の小林節氏は、首相お膝元の山口選挙区を最重要選挙区の一つに位置付け、山口県内の四小選挙区内で講演。「野党統一候補が擁立された場合には、必ず応援に行く。ツーショットポスターもＯＫ」と支援表明をしていたのだ。

出馬会見には、「市民連合」に加わっているシールズ（ＳＥＡＬＤｓ）から本間信和氏も駆

シールズ本間信和さんの応援演説

け付けて次のような挨拶をした。

「シールズは昨年六月から国会議事堂の前で、安保法制に反対する抗議行動を毎週金曜日に行ってきました。しかし昨年の九月十二日未明に、残念ながら安保法制は国会の中で成立しました。そのこと自体は私にとってショッキングというか絶望的な感覚を得たのですけれども、一方で法案が可決されてから『何かが終わったと思われているところから始まるものがある』というものを率直に感じました。九月十八日の夜、国会議事堂の中で安保法案の可決に反対する野党議員たちが長時間演説を行ったり、牛歩を行ったりする方もいました。今まで自分たちは『今の政治は国民が本当に望んでいる政治ではない』と国会議事堂の中で起こっていることを否定するような運動をずっとしてきました。

しかし、国会議事堂の外で国民の声を聞いた野党の国会議員の方々がさまざまな形で、安保法案の採決を阻む努力をされている姿を見て、自分たちは『ようやく国会の外と中がつながった』という実感がありました」。

そして、去年の国会前集会が野党共闘につながったと振りかえった本間氏が最後をコールで締めると、会場のボルテージは最高潮に達した。去年夏の国会前デモの盛り上がりが安倍首相のお膝元の山口にもタイムスリップしたかのような雰囲気となったのだ。

野党統一候補と激突する自民党現職の江島潔参院議員（元下関市長）は、安倍首相直系の〝子飼い〟として有名だ。二〇一三年の参院山口選挙区で初当選した時も安倍首相の全面支援を受けたが、「そのことが反発を生んで、今回の参院選でも盤石とは言い難い状況となっている」と下関市議は話す。

「江島氏は〝変節の子飼い市長〟というイメージが強い。安倍首相の父が推進していた『沖合人工島埋立計画』の見直しを掲げて一九九五年の市長選で初当選したのに、すぐに見直しを撤回して安倍氏にひれ伏した。そして四期十四年の江島市政では、安倍首相が勤務していた神戸製鋼所が市内のゴミ処理施設関連事業を連続受注、談合疑惑が浮上して裁判にもなった。談合疑惑に加え、異常な出張回数の多さや女性問題も発覚、結局、二〇〇五年に追われ

江島潔氏（安倍首相と一緒）

るように五選出馬を断念した」（田辺よし子・下関市議）。

「政治的に終わった」と見られた江島氏を、参院選補欠選挙の候補者に抜擢したのは安倍首相だった。

「当時、県東部選出の有力県議が出馬の意向を示していましたが、首相の鶴の一声で江島氏が候補者となった。『なぜ下関で不評の江島氏なのか』『(江島氏の)市長時代に世話になった恩返しではないか』という見方が流れたのはこのためですが、当然、自民党県連内には不満や疑問が渦巻き、今でも不協和音が残っている」（県政ウォッチャー）。

下関市長時代の実績も乏しかった。かつて三二万人を記録した人口は、江島市長時代に合併をしたのに三〇万人を割り込み、現在は二七万人。

「神戸製鋼所など安倍系企業ばかりが美味しい仕事を取る一方、地元中小企業が冷遇されたのが一因。アベノミクスの恩恵は、下関を含めて県内に及んでいない」（田辺・下関市議）。

県内四選挙区を自民が独占する山口県だが、県西部の下関では市長時代の不評の記憶が消えず、県東部では候補者選定のシコリが残り、県中部の県庁所在地の山口市には纐纈《こうけつ》氏が副学長を務めた山口大学があって大学関係者がフル稼働するのは確実。県西部・中部・東部のどの地域も、江島氏が突出して集票するとは考えにくいのだ。

「二〇一二年の山口県知事選では、安倍首相が擁立・支援した山本繁太郎前知事に対して、飯田哲也氏（環境エネルギー政策研究所所長）が善戦。他の二候補の得票を足すと、山本氏を上回っていました。当時の飯田氏の支持者が今回の纐纈氏支援に回っており、接戦となる可能性は十分にあります」（県政ウォッチャー）。

自民王国とされる安倍首相の地元・山口で、野党統一候補が勝利することになれば、参院選全体でも野党が勝利するのは確実だ。山口選挙区は、今回の参院選を占うバロメーターといえるのだ。

纐纈氏の出馬会見と質疑応答

纐纈　私は三十年間、大学人として、ある意味、大学しか知らない人間です。もちろん政治学者として日本の政治経済、外交、あるいは地域経済について言論人としての役割を果たさせていただきました。その私が政治の場に足を踏み込むことに対してはある意味では苦渋の選択でありました。

しかしながら、昨今の立憲主義を否定する安倍政治、大企業中心のアベノミクス、こうした結果による県内の不況。いろいろな問題が生じている。大学人の立場から、物を申し上げているだけではいけない。三十年間、私なりにがんばってきたことを完結する意味でも、このような要請を受け、この山口から日本を変える礎になることを決意いたしました。苦渋の選択でありましたけれども、十日間、時間をいただきました。(中略)

このたびは県民の方々から出馬要請を受けました。民進と共産と社民の方々から一月十八日に大学にお越しいただきまして、大変深い議論をさせていただきました。お三方は本当に信頼ができ、この山口を、この日本を心の底から憂いている。そのことを痛感いたしました。この方々となら、私は踏ん張れる、闘うことができるという熱い思いを

いただきました。（中略）

私の政策、決意を三点にまとめさせていただきました。三党の政策に一致点を見出すことができました。何といっても崩れ行く日本の立憲主義。これに歯止めをかけたい。昨年の安倍内閣による集団的自衛権行使の容認は、これまでの内閣が了解してきたことと真逆の判断をする。まさに立憲主義、立憲政治を否定する暴挙であります。「民主主義とは何ぞや」ということを若い学生に大学で教えてきた私の立場からすれば、「その民主主義を否定する政治を許しておくならば、一体、自分は（大学人として）三十年間何をしてきたのだろう」という熱い思いをいただきました。

立憲政治、立憲主義が担保されてこそ、日本の成熟した民主主義が期待されるわけです。成熟した民主主義なくして、私たちの自由・平等・自治、この精神は実現するわけはありません。その意味で、第一に立憲主義を取り戻し、暴挙の中の暴挙である安保関連法の廃止を誓いたいと思います。

言うまでもなく安保関連法は、直接の紛争国でもない国に戦争を仕掛ける。文字通り、私たちの安心安全を否定するものです。力による平和が本当の平和であるわけがありません。暴力の連鎖を生み出し、あまたの不幸と、そして災いを呼び込むものにすぎません。そういう意味で、いま日本を覆う安保関連法に対する危惧の念、政府の言う「安心安全」は、危険と不安を招くものにすぎない。そういう思いを支持者のみなさまと腹の底から共有しております。これが第一点であります。

第二点は、この県下におきましても、この日本におきましても、少子高齢化は極めて深刻な問題です。しかし県の政治を含めて国の政治は、明確な人口減少をどうやって止めるのかに焦点を絞り込みすぎて、今ある人たちの命と暮らしをどう守っていくのかという発想が、私に言わせれば、不十分に思います。人口減を食い止めるだけでなく、今ある私たち、それから多くの人生を生き、私たちを導いてくださる先輩方が安心して暮らせる医療介護保険制度の拡充。また、今のような年金制度が持つわけがありません。新しい年金制度の開発、制度設計も不可避と考えます。

そして三つ目に私は教育者として、教育というものが国を富ませ地域を活性化する大きな決め手と考えておりました。この山口は、かつて「防長教育」といわれた教育立県であると。「モノ・カネ」ではなくて、人を作ることで地域の活性化と国の発展の原動力としての人材を豊かにしていくことが二一世紀後半に向けてのこれからの日本、これからの国際社会においては極めて重要だと思います。「モノ・カネ・カ」ではなく、人の絆と輪と、そして共に育みあい、共に喜び合える社会を作るためになぜ、なぜ、「カによる平和」という誤った観念が普及していくのでしょうか。これからは「モノ・カネ・カ」

ではありません。人の輪と絆をどう政治の場で席巻していくのかが問われていると思います。

そうした思いを私は微力ながら、このタイミングで果たしうるとしたら、ぜひ、国政の場に送っていただいて、大いに国政の場で県民の皆様の声を政治の場に反映し、政策実現をし、文字通り、山口から日本を変えていく一人として勝利していきたいと思っております。キャッチフレーズは今も申し上げましたが、かつて、この山口は近代日本を牽引した多くの人材を生んだ県であります。すべての人たちを必ずしも評価しているわけではありませんが、教育こそ厳しい時代を切り開き、新しい時代を築き上げていく人が重要だと思っていますので、教育についてしっかりと力を入れていきたいと思います。

そして最後に、いま山口県が一四〇万人。いま山口には中小都市が巧妙に点在している。まさに地方都市分散型構造にあると考えております。この山口の地域的な特性を十分に活かす中で、地域社会・地域経済の発展をいろいろな形で提案をさせていただきたいというふうに思っております。

いま後ろに立っていただいております支持者の方々とも、そして、さらにこの会場にお見えになっていませんが、多くの県民の方々と腹を割って話す機会を作って参りたい。そして多くの人々の熱い思い、語りに触れていく中で、県民の代表という資格を与えていただいて、これから頑張っていきたいと思っております。以上で私の出馬声明とさせていただきます。

●質疑応答（一部）

――安全保障問題は長らく選挙の争点になって来なかったが、手ごたえは。

纐纈　手ごたえがなければ、出馬要請は受けません。安保の問題はなかなか票が取れない。外交防衛問題が票にならないばかりか、よく理解できないという国民の声があります。しかし、先ほどの発言にもありましたように、いくらなんでも安倍政治の外交・安全保障政策、人の命を、自衛官の方の命を人柱にしてまでして得られる安全とは何かという深い疑問がわいていると思います。外交防衛問題で票が取れないかもしれませんが、しかし風は変わっている。安全保障問題は、言葉を変えて言えば、私たちの命と安全、そして私たちの子や孫たち、世界の未来のある意味では大きな問題になりうる。私なりに専門の立場から分かりやすく丁寧に県民の皆様方にひざ詰めでも説明してまいりたいと思います。私はあえて争点にしていきたいと思います。手ごたえは十分あります。

――（横田）公共事業見直しが争点のひとつになるのかどうか。安心できる社会保障制度づくりや人づくりには今の公共事業を見直して、そちらに回す必要があると思うのですが、県内の山陰自動車道の全線開通を安倍総理も相手候補の方も言っていますし、岩国基地の問題でもアメとムチで公共事業をばら撒いているのではないか。「三〇億円高い価格を提示した業者がごみ処理施設の入札で選ばれる」という利権まみれのような状況もあるかと思いますので、県内の公共事業の見直しについてお伺いしたいのですが。

纐纈　先ほど、出馬宣言の折に「カネ・モノの時代はとっくに過ぎ去っている」と言いました。けれどもあえて言えば、アベノミクスによって経済不況が構造化している。そのアベノミクスの間違いを公共土木事業で補塡しようとしているのが、安倍政治の公共土木事業に対する過剰なまでの投資になっていると思います。限られた人材と経費をまさに公平に分担するのが政治の役割だと思います。短期的には、あるいは部分的には潤う部分も出てくるかもしれませんが、いずれ底をつきます。そのような財政政策では限界点が見えてまいります。その限界点が見えてきたときに、中間層は崩壊状態にありますので、より格差社会が広がってしまう。

そういう全体的な捉え方の中で、公共土木政策の間違った問題点を私なりにあぶりだしていきたいと思っています。

――（横田）岩国の（三〇億円高い業者が落札した）ごみ処理施設の談合疑惑については。

纐纈　岩国の談合問題も非常に大きな問題になっておりまして、実は、岩国だけではなくて、産廃問題というのは山口に限らず、どこもかしこにもございます。まさに利権にたむろする方々がおられることは極めて残念であります。そういった広い視点に立って、私はこの産廃問題に対してもしっかりと現場を見ながら、調査をしながら、勉強させていただきたいと思います。

安倍首相のお膝元・山口県岩国市で談合疑惑が浮上

纐纈氏の出馬会見で県内の公共事業問題（アベ土建政治の是非）について質問したのは、他でもない基地バブルで活況を呈する山口県東部の岩国市で二件の談合疑惑が浮上していたからだ。首相直系県議の畑原基成県会議長の建設会社「ナルキ（旧・畑原建設）」がJVで受注した「平瀬ダム」と、三〇億円高い価格を提示したJFEが受注した「ゴミ焼却施設」のことだ。

山口県岩国市北部の錦川上流で、巨大なダム工事が進んでいる。民主党政権時代にいったん凍結された「平瀬ダム」（総事業費七四〇億円）が息を吹き返し、安倍政権下で予算が急に増加、遂に本体工事が始まっていたのだ。

錦川に面した山の斜面には、工事を受注した建設会社の文字看板「清水建設・五洋建設・井森工業・ナルキ特定共同企業体」が立ち並んでいた。このJVに加わっている「ナルキ（旧・畑原建設）」こそ、安倍晋三首相直系の畑原基成議長（県議）が創業者一族の建設会社なのだ。

地元選出の井原すがこ県議は、こう話す。「畑原氏は『安倍首相や菅義偉官房長官と携帯

平瀬ダムの工事現場

電話で話す間柄』と議長就任のインタビューで話すなど、中央とのパイプの太さを自慢しています。一方、一二年十二月に安倍政権が誕生して以降、民主党政権時代には検証対象となって横ばい状態だった『平瀬ダム』の予算額が急増し、二年弱後の一四年十月には本体工事が始まりましたが、その工事をナルキが受注したのです。会社名を『畑原建設』から『ナルキ』に変えたのは、『首相直系の有力県議の政治力でダム工事を取ったのではないか』という印象を与えたくなかったためでしょう」。

「国土強靭化」を旗印に全国で公共事業を増やす安倍政権だが、首相のお膝元では「工事予算増加で直系県議の建設業者が潤う」という露骨な利益誘導が罷り通っていたのだ。

「人からコンクリート」という傾向は、数字に表れていた。安倍政権誕生後、ダム予算は急増。二〇一二年度には五億五五〇〇万円だった予算額は、翌一三年度は九億五〇〇〇万円と倍近くになり、翌々年の一四年度も一五億五〇〇〇万円、三年目の一五年度も三九億六七〇〇万円、そして四年目の一五年度は四三億八六七五万円へと増え続けていったのだ。

　工事現場のすぐ上流にあるのが、深淵急流が交互に織りなす絶景の「猿飛びの石庭」。錦川は「西日本随一の清流」と呼ばれ、下流の名勝・錦帯橋にはエメラルドグリーンの清流が注いでいる。ダム建設反対派の「美しい錦川を未来へ手渡す会」（吉村健次・代表）は、「ダム建設で手つかずの自然の景観や貴重な観光資源が破壊されてしまう」と怒りを露わにしていた。『美しい国へ』を出版した安倍首相だが、「血税で自然破壊をしながら、直系県議の建設業者が儲かる『醜い土建国家作り』をしている」と後ろ指を指されても仕方がない。

　首相の地元番頭役のような畑原氏が、山口県警の捜査対象になってもいた。平瀬ダムの談合疑惑などに関する捜査資料が流出。二〇一三年十二月から翌年の五月二十六日の約半年間にわたるもので、件名は「畑原県議が絡む大型公共工事について」「畑原県議らと県職員の癒着情報（第七〇報）」「畑原県議にかかる官製談合容疑情報元人物との接触予定について」などであった。

　そして「平瀬ダム建設工事にかかる贈収賄容疑事件の提報について」（二〇一四年五月二十

六日）には、情報提供者から聴取した内容として、次のように記されていた。

「平瀬ダム建設工事の入札は四社ＪＶで、清水建設が落札しているが、当初は、熊谷組が落札するはずだったと聞いた。これは、熊谷組の関係者から聞いた話である」。

「熊谷組は、本社のトップ営業をしていたが、途中から、清水が営業をかけはじめ、これによって、ＪＶの頭がすげ替わった。熊谷から清水へと頭が替わったのは、余程のことがあったと思われる」。

「熊谷の関係者も『今回は、今までにないようなことがあった』、『うちは、清水の真似はできなかった』と話していたので、相当多額の金が動いたのは間違いない」（中略）。

「ナルキは、民主党政権時代は、仕事が無く、重機を売ったりして、傾きかけていたが、自民党政権になって息を吹き返し、平瀬ダム工事では、どこが落札してもチャンピオンに引っ付くことになっていたようで、最初はＪＶにも入らないはずだった」（中略）。

「清水から、畑原、畑原から担当部署、県トップクラス等に働き掛けが行われ、多額の金が動いた」

以上の情報提供者の内容を列挙した後、「今後の方針」として「提報者の言動等から、同人は、上記提報内容以上の情報を持っていることが予想され、引き続き提報者との接触を継続の必要性が認められる」と記されていた。

この捜査資料は、偽物とは考えられなかった。報告書に住所が書かれていた業界事情通の提報者（捜査協力者）の自宅を訪ねると、本人が出てきた。

また県職員への接待について情報提供をした別の捜査協力者を訪ねると、複数の県警担当者の名刺を出して来て、その名前が捜査資料にある報告者と一致した。

さらに県議（当時）の話を報告していた県警職員は、今でも県議会担当をしている実在の人物だった。

捜査資料の内容は、県議会の動きとも一致していた。二〇一四年三月十三日に共産党の藤本一規県議（当時）は平瀬ダムの談合疑惑を取上げ、県内の建設業者から届いた告発文を元に県の姿勢を追及していたからだ。それによって浮き彫りになったのは、入札参加資格要件が変更されてナルキが参加できるようになっていたことだ。過去の三つのダムの入札では、総合評定値が一〇〇〇点以上でないと参加できなかったが、平瀬ダムの入札の場合は九〇〇点に引き下げられて、九二〇点のナルキでも参加可能となり、落札することができたのだ。

先の捜査資料には、畑原氏が県土木部職員らを温泉宿や高級クラブに接待した内容も記されていた。捜査対象となった県職員の経歴や携帯電話も調べ上げており、「畑原氏に接待された担当職員が入札参加要件を変更するなど便宜をはかった結果、ナルキが受注した」という構図の贈収賄事件・官製談合事件として立件しようとしていたことが伺えるのだ。

二〇一四年五月二十六日を最後とする捜査資料が流出したのは、「二年前に捜査は打ち切られたが、平瀬ダムの談合疑惑が闇に葬られないようにして欲しい」という捜査関係者の意思表示としか考えられない。

畑原氏が当選に貢献した福田市長とごみ処理施設の談合疑惑

地域ボスの畑原氏は、井原勝介市長の革新岩国市政（九九年～〇八年）に終止符を打ち、福田良彦市長を誕生させるのにも関わることをきっかけに頭角を現していった。

岩国基地への空母艦載機移転に反対する井原市長（当時）は、住民投票を実施して「八五％反対」という結果を引き出し、徹底抗戦の構えを見せていた。これに対し防衛省は基地関連の補助金を一部撤回、その結果、市庁舎建設をめぐって市議会との対立が激化、市長は辞職して出直し市長選に臨むことになったが、二〇〇八年二月、元自民党衆院議員の福田良彦氏（現市長）に僅差で敗れた。

「この時、畑原氏は地元財界と共に、市議から衆議院議員になって間もない福田氏に対し、『仮に落選しても、その後の生活費は保証するから出馬して欲しい』などと説得、基地拡大容認の保守市政誕生に貢献したようです。これで党県連や県議会での存在感が高まったとみられています」(県政ウォッチャー)。

福田市政誕生の〝効果〟は、基地バブル到来という形で現れていた。二〇一七年頃までには米空母艦載機部隊の移転が予定されており、岩国基地の沖合に基地を拡大する事業費は約二五〇〇億円にも及ぶ。周辺でも基地受け入れの見返りのような関連事業が進み、軍民共用の岩国錦帯橋空港への民間機就航も二〇一二年十二月に開始。いまや岩国市は「第二の沖縄」「官邸の直轄地」(市議会関係者)と言われ、基地関連事業の建設ラッシュで活況を呈しているのだ。

政権中枢とホットラインで結ばれている畑原氏は、防衛省が一五年度から山口県に払う新たな交付金を五年間で一〇〇億円規模にすることを働き掛けた。アメとムチで基地機能拡大を進める安倍政権と畑原氏は二人三脚を組んだのだ。

地元住民は「〝再編バブル状態〟で建設業界ばかりが景気がいい状態です」と揶揄していた。

「岩国基地を、沖合に拡大する事業費は約二五〇〇億円、周辺でも基地受入の見返りのような関連事業も進んでいます。約三〇〇億円の市のごみ焼却施設整備運営事業もその一つで、防衛省補助率が八五%。三〇億円も高い価格を提示したJFEエンジニアリングが落札したのです。『どうせ国の予算だから』という意識が働いた可能性が十分あります」。

岩国基地に隣接する焼却施設の建設予定地を訪れると、落札した「ＪＦＥ」の旗がたなびき、工事が始まってもいた。しかし「〝官民談合〟が極めて濃厚な事例」（広島・市民オンブズマン）という疑惑は消え去らないままだった。

入札は「プロポーザル方式」で、価格だけで決めるのではなく、業者の提案内容をいくつかの項目で点数をつける総合評価方式だった。

「点数をつけるのが、専門家三名と市職員四名で構成される『プロポーザル審査委員会』でしたが、専門家が価格の安い『タクマ』に軍配を上げたのに、市職員全員は『ＪＦＥ』の総合点が高く、三〇億円も高い業者が選ばれた。しかも評価が高かったのがデザインなどの項目で、焼却施設自体の機能とはあまり関係ないもの。『元自民党衆院議員の福田良彦・岩国市長が口利きをしたのではないか』と地元で囁かれ、複数の怪文書も出回ったのは不可解な点数付のためでした」（地元事情通）。

プロポーザル審査委員会のメンバーであった山口大学の樋口隆哉・准教授は「デザインなどの項目が盛り込まれたのは市の方針」と市主導であったことを認め、同じくメンバーだった浮田正夫・山口大学名誉教授も「入札結果には違和感を感じた」と振り返った。

しかし岩国市は「適正な手続きに則って入札を行った。不正はない」と談合疑惑を否定しているものの、三〇億円高い業者が落札したことに対する納得のいく説明をしなかった。基地強化受け入れの見返りに関連事業予算のアメがつく「第二の沖縄」のような岩国市で、税金の無駄遣いが横行している談合疑惑が消え去ったとは言い難いのだ。

県民騙しの〝フライング選挙〟でも安倍首相と畑原氏は連携

安倍首相が擁立・支援した山本繁太郎・前知事（二〇一二年八月〜一四年一月）の後継者選びでも、両者は連携。県民騙しの〝フライング選挙〟で、現在の村岡嗣政知事への継承に成功したのだ。

「在任十七カ月間の約二割を病院で療養した山本前知事は辞職した翌々月に肺がんで亡くなりました。結局、安倍首相や畑原氏らは『山本知事が末期がんで復帰困難』ということをつかんでいたのに、県民に対しては『復帰する可能性がある』かのように伝え続ける一方、水面下で候補者選定を進めた。村岡氏を候補者に決定して万全の選挙準備を終えるまで山本知事の辞職を引き延ばし、肺がん治療に専念させなかったといえます。その結果、知事選再挑戦を目指していた飯田哲也氏（『環境エネルギー政策研究所』所長）は準備不足で出馬断念を余儀なくされました」（県政ウォッチャー）。

なお国交省ＯＢの山本氏は「首相の足下の山口県」と繰り返しつつ、安倍家のお墓がある長門市を通る「山陰自動車道の全線開通（事業費約四五〇〇億円）」など公共事業推進を打ち出したが、こうしたアベ土建政治はそのまま村岡県政に引き継がれた。

安倍首相は、国交省ＯＢの肺がん患者を担ぎ出し、亡くなる二カ月前まで酷使、地元への利益誘導（公共事業バラマキ）を進めたといえる。

その長門市を訪ねると、日本海の過疎地域を結ぶ「山陰自動車道」（山口県美祢～鳥取県鳥取市）工事が着々と進んでいた。山陰自動車道の一部となる「長門俵山道路」の建設現場で、巨大な橋梁が目の前に飛込んできたのだ。「天空の城」ならぬ〝天空の橋〟と呼びたくなったほどだ。

一部完成した「山陰自動車道」の予定地を走って行くと、費用対効果が低いことが実感できる。一帯は人口も交通量も少ない山間部で、巨大橋梁やトンネルの連続。開通した「三隅萩道路」（長門市～萩市）の一五キロで、建設費は一五キロで七〇九億円（一キロ当たり約四六億円）にも達していたのだ。

この〝安倍道路〟を延長するべく、「長門俵山道路」の工事もスタート。この区間も山間部が建設予定地で、五・五キロの事業費は二四〇億円（一キロ約四四億円）にも及ぶ。「山陰自動車道」の未開通区間一〇〇キロを建設するためには、約四五〇〇億円が必要となる計算だ。

もう一つの県内大型公共事業の「第二関門橋」は、湾口や海峡を橋やトンネルでつなぐ「海峡横断道路計画」の一つだ。一九八七年の第四次全国総合開発計画（四全総）で打ち出されたもので、全国で六本あることから「六大架橋」とも呼ばれるが、事業費は橋梁だけで二〇〇〇億円、関連道路を入れると、約三〇〇〇億円にもなるのだ。

「山陰自動車道」と「第二関門橋」を合計した七〇〇〇億円以上の血税が首相の地元に投入されることになる。「アベ土建政治」と呼ぶのがぴったりの公共事業バラマキが首相の地元・山口県で横行、談合疑惑も浮上していた。そんな旧態依然としたアベ政治に対して、纐纈氏はメスを入れると意気込んでいたのだ。

第四章　プレイバック2015年はデモの年

——野党共闘を呼びかけたシールズ

二〇一五年九月十九日未明の国会前集会

安保関連法案が成立した二〇一五年九月十九日二時すぎ、深夜にもかかわらず、国会前では反対集会が続いていた。SEALDsの奥田愛基氏らが、審議を引き延ばそうとした野党議員の名前を挙げて「福山（哲郎・参院議員）、頑張れ！」「（山本）太郎（参院議員）は頑張れ！」と励ましながら、「賛成議員は落選させよう」「安倍（晋三首相）は辞めろ！」といったコールを続けていたからだ。

法案成立が告げられても、集会の高揚感が失せることはなかった。逆に熱気は高まるばかりで、そのボルテージが最高潮に達したのは、国会議員でただ一人、牛歩戦術をして徹底抗戦をした山本太郎参院議員が現れた時のことだった。すぐに国会での奮闘ぶりをねぎらう拍手と歓声が沸き起こる中、マイクを握った山本氏は「皆様の鉄砲玉、山本太郎です」と切り出した。

「『（法案成立は確実で）もう勝負ついているのだから。（牛歩で）二分、三分引き延ばして一体何の役に立つのか。バカじゃないか』と言われたのは私です。何であんな法案が通ったのに、なぜそんなに明るいのかと思われる方がいらっしゃるかも知れませんが、これは後は変えて行くだけなのですから。

安倍晋三お坊ちゃまが、今年（二〇一五年）五月、アメリカ様に渡り、議会でこの（戦争）法案を通ることをお約束されました。そして九月二十六日頃にニューヨーク（の国連総会）に、晋三お坊ちゃまは、今回通った安保法を手土産にお出かけになる。ふざけるな！」

そして山本氏は急にシールズ定番の「安倍は辞めろ！」のコールを何回か繰り返し、参加者が呼応した後、こう続けた。

「アメリカ様に今回差し上げる〝お土産〟は返していただくしかない。『我が国にとって一番大切なものだから返して下さい』という外交が出来る政治を、皆さんの力で私たちの力で作って行きませんか。一番の権力者は、この国の皆様なのです」。

深夜の集会には、フィリバスター（長時間演説）で抵抗した民主党の福山哲郎参院議員や、横浜市での地方公聴会の公述人として「公聴会は採決のためのセレモニーか」と訴えた水上貴央弁護士らも駆け付けて、「闘いはこれから」と強調。シールズのメンバーも「悲壮感は全くない」「来年夏の参院選が山場」と安倍政権への反転攻勢を呼びかけると、「選挙に行こうよ」「選挙に行こうよ」というコールが自然に沸き起こってきた。

結局、始発が動き出す朝五時まで国会前集会は続いた。その後も六時すぎまで報道関係者の囲み取材を受けた奥田愛基氏は、この日の集会をこう振り返っている。

「別に五時までやりたかったのではなくて、終電がなくなったから朝までやったのですが、新年を迎えた朝のような気がしました。法案が通ったのは負けかも知れない。重く受け止めて、今までとはもっと違うやり方を試さないといけない。しかし、その新しいやり方や世代を超えて闘える準備がもう我々には出来ている。政党を超えて、信条を超えて、保守革新を超えて安倍政権を倒します」。

安保法制反対の運動は二〇一五年九月十九日を境に、安倍政権打倒の選挙運動（野党共闘による政権交代）の色合いが一気に強まった。

新たな局面を迎えて参加者には、「安倍政権が成立させた戦争法を廃止するには、国政選挙で自公を過半数割れに追い込んで〝護憲連立政権〟を誕生させるしかない」という思いが共有されたのだ。

安倍政権打倒の方策

国会審議が始まった頃から「戦争法成立は確実」と予測、安倍政権打倒の具体策を訴えていた学者がいる。政府案を「違憲」と断じて国会審議の潮目を変えた憲法学者の一人、小林節・慶應大学名誉教授のことだ。

野党共闘による安倍政権打倒を訴える小林節氏

アメリカのハーバード大学に留学して同国で仕事をした経験もある小林氏は、理論だけでなく実践を重んじるのが信条だ。学問（アカデミック）の世界で「戦争法は違憲」と指摘して事足りることなく、現実の社会で「違憲状態解消をどう実現するのか」にまで踏み込む。二〇一五年六月四日の違憲発言以降、講演依頼が頻繁に来るようになった小林氏は戦争法成立後も〝全国講演行脚〟を続けたが、そこで必ずと言っていいほど紹介していたのが、「野党選挙協力による護憲連立政権誕生」の方策だった。これを安倍政権打倒の切り札にしようと呼びかけていたのである。

法案が成立した二〇一五年九月十九日、共産党の志位和夫委員長は、国政選挙で全選挙区に候補者を立てる従来の方針を「他の野党と選挙協力で合意できれば調整する」と見直す考えを示し、安倍政権退陣を実現するために野党五党一会派に選挙協力を呼びかけた。「国民連合政府構想」のことである。

しかし小林氏はその二カ月以上前の七月から野党結集の重要性を訴えていた。安倍首相を暴走自動車に例えた上で「今から安倍政権打倒策を考えるべき」と強調していたのだ。

「(安倍首相の)周りには二種類の人間がいて、ひとつは、あの方と同じような先祖代々の世界観、価値観の人たち。もうひとつは、秀才なのだけれども、その貴族集団にゴマすることで出世しようとする政治家・官僚たち。良心を売って新貴族階級に自分を入れてもらおうとする価値観しかない人達です。ですから『殿、だいぶ風雲急になってきております。作戦を変えてはいかがでしょうか』とは言えない。言った途端、クビを切られる。ですから暴走自動車は止まりません」「日本丸という巨大な船の船長がいかれているのですよ。それなのに周りのクルーが『あんたが大将』と担いでいる。狂ったような船員集団を追い出さないといけないのです」(二〇一五年七月十一日の横浜市内での講演)。

安倍首相の性格や周辺状況から「強行採決は不可避」とみた小林氏は、その対抗策として「野党選挙協力による政権交代(〝護憲連立政権〟下での廃止法案成立)」も講演で提唱していた。

「三大野党(民主党と維新の党と共産党)と生活の党と社民党と選挙区を棲み分ければ、政権交代が可能な状態になる」「野党は比例区の直近の票を前提に、(衆院の)小選挙区や参院の選挙区で取る割合・数をまず決める。それぞれの政党で一番戦いやすい選挙区を取る。そこで、周辺からも票が取れそうな超党派で推してもらえそうな人を出す。各党が責任を持って(候補を)出して、その代わり他党は絶対に邪魔しない。これさえすれば、安倍政権なんて吹っ飛ばせるのです」。

政権交代で〝護憲連立政権〟が誕生すれば、安保法廃止法案の提出・成立により、安倍首相が残した負の遺産である戦争法(アメリカへのお土産)を葬り去ることができるのだ。

小林氏はこう振返る。

「一年くらい前から共産党幹部には『全選挙区で候補者を立てるのを止めて、野党で選挙協力をするべきだ』と言ってきました。当初は頑として受け付けませんでしたが、安保法案成立後、全選挙区擁立の方針を変えた。最も頑固な共産党が柔軟な姿勢になったことで、野党の選挙協力による政権交代の可能性は一気に高まった」。

民主党政権が誕生した二〇〇九年の総選挙で、共産党は全小選挙区に候補者を擁立せず、自民党政権打倒を自主的に後押しした。

しかし、それ以降の国政選挙では衆院選の小選挙区や参院選の一人区に候補者を立てる方針に戻ったが、戦争法成立後、それまでの方針を変更する考えを示し、再び〝政権交代モード〟に切替えたのだ。

シールズの魅力と〝吸引力〟

憲法学者三人がそろって政府案を「違憲」と断言して潮目が変わった二〇一五年六月四日の翌日、小林節・慶應義塾大学名誉教授はシールズの国会前集会でマイクを握った。

「記者から『若者たちの集会が今夜開かれる』と聞き、『正義の闘いが潰されないように』と思って激励に駆けつけました。弁護士の高村正彦・自民党副総裁にガツンと言われても負けないように、『なぜ正しいのか』という理論武装を伝授することと、『(我々が)ついているよ』という安心感も与えたかった」。

当日は雨、傘が立ち並ぶ中で小林氏は国会前で〝白熱講義〟をしていった。

「安保法制に反対すると、『憲法守って国が滅んでどうするのか』と必ず言われます。(日本は)七十年間、憲法九条で専守防衛。これでいける。世界の警察などをやってしまったら経済的に滅びるし、世界中を敵に回します」

「もう一つ、『今はそんな議論をしている時じゃない』とも必ず言われます。だけど、憲法を政治家が無視する習慣がついてしまうと、民主主義国家ではなく独裁国家になってしまう。だからここは許さないで欲しいと思う」

「私は六十六歳。君たち世代のために良きものを残さなければと闘っていますが、君たちも連綿と続く民族の中で、さらに次の世代に責任があります。次の世代に責任を取るとの思いで闘って欲しい」

この時から一カ月半。安保関連法案の国会審議が進むにつれて、シールズ主催の国会前集会への参加者は回を追うごとに増えていき、「報道ステーション」などのメディアが取り上げる回数も激増した。

七月二十四日の日比谷野音での集会では、最後をシールズの中心的メンバーの橋本紅子氏が「安倍は辞めろ！」「憲法を守れ！」「戦争反対！」のコールで締めると、約三千人の参加者が「安倍政権ＮＯ！」のプラカードを一斉に掲げた。

自分の言葉で日常生活も交えながら安倍政権批判をしていくのがシールズの真骨頂だが、これが共感の連鎖を生み出し、これまで政治に縁遠かった無党派層や女性をはじめ各世代に広まっていった原動力に違いない。

小林氏の心配を打ち消し、いまや安倍政権打倒の〝旗振り役〟を担う存在に大化けしたシールズには、その後も中高年世代の激励が続き、世代を超えた安倍政権打倒のうねりを引き起こしていったのである。

シールズの魅力

自分の言葉で日常生活も交えながら安倍政権批判をしていくのがシールズの真骨頂だ。二〇一五年七月二十四日、シールズの芝田万奈氏（上智大学三年生・当時）は安倍首相への手紙を読み上げた上で、退陣を求めた。

「私は帰ったらご飯をつくって待ってくれているお母さんがいて、仕送りしてくれたおじいちゃん、おばあちゃんに『ありがとう』って電話して、好きな人に教えてもらった曲を聴きながら帰る。この日常を平和と呼びたい。それが、私が産む子どもに残したい未来です。でも今、こんな状況の国で子どもを育てられるとは思えない。平和の名で人殺しをさせる法案を絶対に許すことができない。安倍さん、あなたに私の不安を拭えますか。これ以上、あなたに私の未来を託すことは出来ません。ここにいる私たち一人ひとりで、未来を勝ち取っていきましょう。二〇一五年七月二十四日、私は安倍政権に退陣を求めます」。

こうした声が共感の連鎖を生み出し、無党派層や女性をはじめ各世代に広まっていった原動力に違いない。中心的メンバーの橋本紅子氏も二〇一五年六月十四日、こう訴えた。

「戦地に赴けば命の危険にさらされるのは当然です。しかし安倍さんは『安全を確保する』

首相への手紙を読み上げた芝田万奈氏　プロの歌手を目指す橋本紅子氏

『危険となれば撤退させる』と現実味も信憑性も皆無の話を、壊れたレコードみたいに繰り返すだけです」

「今日ここに来る前に、水着を買ってきて、マツエク（まつ毛エクステンション）いつ付けようかなーとか悩んでいました。そんなことで悩んでいる人間が、政治について口を開くことはスタンダードであるべきだと思うし、スタンダードにしたいから、スタンダードになるまで繰り返し声を上げ続けなくてはいけないんだと思ってここに立っています」。

安倍政権打倒の〝旗振り役〟を担う存在に大化けしたシールズは、世代を超えた安倍政権打倒のうねりを引き起こしていった。シールズの集会に何度も参加していた元改革派経産官僚の古賀茂明氏はツイッターで「三十万分の一になる」と呼びかけた。岸政権が三十万人のデモで倒れたことに注目、三十万人が結集することで安倍政権打倒をしようと提唱していたのである。

政治を語り始めた若者たちの登場と世代を超えた共感の広がりで、安倍政権打倒の現実味は一気に次第に高まった。国会前集会で繰り返されるコール、「戦争したがる総理はいらない！」「安倍は辞めろ！」は急速に全国各地に拡散をしていったのだ。

シールズのもう一つの魅力——自主性の尊重と各種ツールの活用

シールズのもう一つの魅力は、自主性を活かした役割分担でいろいろなツールを駆使したことだ。

国会前と官邸周辺にのべ七万人（主催者発表）が結集した二〇一五年七月二十四日、シールズ主催の国会前集会には身動きが出来ないほどの人が詰めかけていた。ライトに照らされたミニステージでマイクを握っていたのは、シールズの中心的メンバーの橋本紅子氏と福田和香子氏と本間信和氏。歯切れ良いコールが連呼されていた。

「国民、舐めんな！　勝手に決めるな！」

「安倍晋三から日本を守れ！」

「戦争したがる総理は辞めろ！」

リズミカルなドラムに合わせたコールが響きわたると、若者たちが一斉に呼応する。周囲には「本当に止める」などと描かれたカラフルなプラカードが並び、コールと共に揺れ動いていく。まるで音楽ライブに参加したかのような雰囲気だった。

デモの定番のシュプレヒコールをリズミカルなラップ風のコールに置き換えることで、「政治的集会参加」という高いハードルを一気に下げたのが〝シールズ流〟だ。動画で国会前集会の様子を発信することで、スマホ世代の若者にも「面白そう」「格好いい」と広まっていったのだ。

橋本紅子氏と福田和香子氏のコール

　シールズが「ＳＡＳＰＬ（特定秘密保護法に反対する学生有志の会）」として活動していた頃から、彼らを脇で見てきた横浜国立大学講師の渡辺雅之氏は、こう分析していた。

「シールズの強みは、自発的に参加したメンバーが自分の得意分野を活かして、上手く役割分担をしていることです。そして自分達の持っている文化、例えば、ラップや音楽などをそのまま出していく。彼らのコンセプトは『政治は特別なことではなく生活の一部』というものです。学校やバイト、遊びに行くのと同じように、普段着で国会前に出かけているように見えます」

この日もコールをした紅子氏は二年前に音楽大学を卒業、今は働きながらプロの歌手を目指してレッスンに励んでいた。「音楽家や芸能人の方も声をあげて欲しい。政治的発言をすると、干されてしまうのかも知れませんが」（紅子氏）。

シールズには、国会前集会などを担当する「デモ班」や現場を撮影して配信する「映像班」、プラカードやフライヤー（ビラ）などを作成する「デザイン班」などがある。デザイン班には美術大学の学生がいるという。

アメリカ全土に広がった「オキュパイ運動」など海外の抗議活動も参考にしているようだ。同じくコールをすることが多い福田氏が流暢な英語で、「Tell me what Democracy looks like?（民主主義って何だ?）」と叫ぶと、「This is what Democracy looks like!（民主主義とはこれだ!）」という駆け合いが続いた。

広範な人々を集める吸引力と拡散力

注目度が急上昇したシールズに対して、シールズには「指南者がいるんじゃないか」「特定政党の系列団体ではないか」といった噂がすぐに飛び交うようになった。しかし、シールズ主催の国会前集会に通っているうちに、根も葉もないデマであることがよく分かった。

安保法制が衆院本会議で強行採決をされた二〇一五年七月十六日、「維新の党」（当時）の井坂信彦衆院議員が国会前集会で挨拶をした。すでに民主党（当時）の枝野幸男幹事長と細野豪志政調会長（当時）、共産党の小池晃副委員長、生活の党の玉城デニー衆院議員や社民党の福島みずほ前党首がマイクを握っており、井坂氏で野党五党が結集することになった。

井坂氏は「与党が『対案を出せ』『対案を出せ』と言うので維新独自案を出したら、たった五時間の議論で『もう十分』と言って強行採決をした。大変残念な思いだ」と安倍政権を批判した。

日比谷野音での安保法制反対集会などで、野党四党が勢ぞろいすることはよくあったが、維新も含めた野党五党が結集するのは珍しかった。それほどシールズには、野党を引き寄せる魅力がある。特定政党の系列団体であれば、これほどの〝吸引力〟は出せないだろう。

多彩な中高年世代の言葉を受け止めながら、シールズの影響力は増幅していた。八日後の二〇一五年七月二十四日には、社民党の村山富市・元首相（大分市在住）がマイクを握った。

「総理大臣をやっている時、中東の国を訪問して私は誇らしく挨拶しました。『どこに紛争があっても戦争があっても、そこに使われている兵器にメイド・イン・ジャパンはありませんよ。日本は戦争しない国なんです』と僕は胸を張って演説しましたよ。あの戦争を経験した日本の国民はもう二度とあんなことを繰り返してはいかん。大分には安心院という所がありますけども、そこから特攻隊が出て行きました。十九歳か二十歳の皆さんより若いかそのくらいの人ですよ。飛行機には行きの油しかないんですよ。飛び立ったら帰らない。死にいくんですよ」。

戦争体験者の話をしっかりと受け止めるような形で、シールズの中心的メンバーの本間信和氏（国際キリスト教大学）は、直後のスピーチでこう訴えた。

「七十年前の戦争で、どれほど悲惨だったのかを学んだんですよ」。

「俺達は三十年後、『この国は百年戦争をしなかった』と言いたいんだよ」。

「これから長い夏がやって来ますけれども、絶対、あいつ（安倍首相）を引きずり降ろすぞ」

安倍首相はこうした若者の声をどう受け止めたのだろうか。

メディア登場回数が激増していったシールズは、全国各地に〝飛び火〟していった。二〇一五年七月二十九日には、シールズに賛同する宮城県内の大学生が「ＳＥＡＬＤｓ　ＴＯＨＯＫＵ」を結成。そして二日後には都内で開かれたシールズと大学教授らの集会に参加。代表して東北大二年の斎藤雅史氏がこう訴えた。

「八月九日に学生デモパレードを行います。仙台では初めてです」。

「安倍政権は福島の原発事故の責任を負わず、復興予算のお金を減らしました。そんな安倍政権が国民の命に責任が持てるはずがありません。東北にいると良く分かります」。

「（安保法制を）本当に止めます。最後まで声を上げます」。

東京以外では、すでに「ＳＥＡＬＤｓ　ＫＡＮＳＡＩ」が発足。二〇一五年六月二十一日に京都でデモに続き、七月十五日には大阪で街宣を行ったが、ここでの寺田ともか氏のスピーチが好評で、動画で拡散しているところだった。「安倍首相、二度と戦争をしないと誓ったこの国の憲法は、あなたの独裁を認めはしない。国民主権も、基本的人権の尊重も、平和主義も守れないようであれば、あなたはもはやこの国の総理大臣ではありません！」。

シールズの中心的メンバーの牛田悦正氏は、こう話す。

「関西と東北以外に『ＳＥＡＬＤｓ琉球』もありますが、ＳＥＡＬＤｓの前身の『ＳＡＳＰＬ（特定秘密保護法に反対する学生有志の会）』時代からの知り合いやＳＥＡＬＤｓのデモ参加者から（〝支部〟設立の）申し出があれば、『それじゃ、お願いします』と言って出来ます。

東京のＳＥＡＬＤｓが本部のような機能を持ってはいますが、他よりも偉いわけではなく、フラットで連携する関係です。なおＳＥＡＬＤｓ自体にも代表者はいなくて、奥田愛基さんは含め一五人位の中心メンバーがみんな『副代表』で、副代表同士が話し合って方針を決めます。緩やかな連帯が特徴で、だから広がって行ったのかなと思います」。

トップダウンで動くピラミッド型組織と正反対であることが、シールズ拡大の原動力なのであったのだ。

若者たちの本気度――「就職できなくて＃ふるえる」の〝脅し〟に反論

各地や各世代に広がるわけに福岡県行橋市の小池慎也市議の二〇一五年七月二十六日のブログ「＃ＳＥＡＬＤｓの皆さんへ①就職できなくて＃ふるえる」がネット上で拡散した。しかし中心的なメンバーの牛田悦正氏は気にしていなかった。

「就職の面接で聞かれてもいないのにデモの話をすれば、それは落されるかも知れませんが、あまり気にする必要はないでしょう。『人事担当者が見ているかも知れない』と心配する人がいるかも知れませんが、仮に就職活動に差し障りが出たとしても、今回の安保法制の方が大きな問題。それだけ僕らは真剣ということです。僕の場合、もし就職活動で『デモに

コールをする牛田悦正氏、芝田万奈氏と福田和香子氏（左から）

参加したから』という理由で落されたら、ラッキーです。『そんな基準で選んでいる会社なら入らなくて良かった』と考えます。いま日本社会の根幹である立憲主義や民主主義が揺らいでいる中で、一市民としてやるべきことはやるべきだと思うのです」。

就活に悪影響を及ぼすリスクを感じながらも自らを曝け出す覚悟を決めたのは、福田和香子氏（大学四年生・当時）も同じ。二〇一五年六月二十七日の渋谷の集会で、こう訴えたのだ。

「私や私の仲間がこうしてここにいることが、どれだけリスクを伴う行為であることは想像に難くないでしょう。けれど私は、こうすることで自分の背負い込むリスクよりも現政権に身を委ねた結果、訪れるであろう未来の方がよっぽど恐ろしいように見えるのです」。

牛田氏や福田氏と並んでコールをすることが多い紅子氏は現在、プロの歌手を目指してボーカルのレッスンを受けているが、「プロでやっていきたいんだったら、そういう（政治的）発言は控えた方がいいよ」と忠告を受けたという。

「影響力のある音楽家や芸能人がどんどん政治的発言をして（日本の現状を）変えていって欲しい」「もしかしたら後悔する日が来るかも知れないと思ったりもしますが、仲間を見ていると、精一杯、声を上げた方がいいと思えるのです」（紅子氏）。

同じく中心的メンバーの芝田万奈氏（大学三年生・当時）は、こう反論する。

「ネット上に顔写真や名前をあげられてもいます。私は（就活への悪影響は）全然気にしていませんが、気にしてしまっている子がいるのがすごく辛いです。就職のことを持ち出すのは卑劣です。まさに『感じ悪いよね』ですが、負けずにやるしかないと思っています」

リスクを背負って声を上げる若者たちの覚悟（本気度）こそ、世代や地域を超えて拡大する原動力に違いないのだ。

高橋哲也東大教授や嘉田由紀子前知事ら識者が絶賛　落選運動と合体も

滋賀県知事選（二〇一四年七月十三日）で集団的自衛権や原発再稼働の反対を訴えた三日

月大造知事（元民主党衆院議員）を後継指名、自公推薦候補を破った立役者の嘉田由紀子前知事は二〇一五年六月二十八日、フェイスブックにシールズの福田和香子氏（大学四年生・当時）の動画を貼り付け、こう呼びかけた。「若者が動き出した！　ＳＥＡＬＤｓ、わかこさんの力強いメッセージ。きいてください」。前日の「戦争法案に反対する渋谷ハチ公前街宣」でのスピーチで、福田氏は「私は自分の全ての可能性をかけて、この法案と、そして安倍政権を権力の座から引き摺り下します」と宣言していた。

嘉田氏のフェイスブックでは、この約九分の動画に対し「いいね！」が五八八に達した。シールズの爆発的な広がりは、ネット抜きには説明できない。未来を自分達の手でつかもうとする本気度が共感を呼び、フェイスブックやツイッターなどを通して拡散していった。

安倍政権打倒の具体策を提案する識者もいた。国会前集会に通い続けた元改革派経産官僚の古賀茂明氏は、こんな作戦をシールズに提案していた。「地方の友達が帰省する時に、スピーチが得意な東京のメンバーが一緒について行って各地で集会を開くのです。特に来年（二〇一六年）夏の参院選の改選議員の事務所前でやるといい」。

二〇一五年七月二十四日の国会前集会では、「安保関連法案に反対する学者の会」の高橋哲哉東大教授も、こう訴えかけた。

「是非、皆さんで検討していただきたいと思うのですが、落選運動をしませんか。来年（二

落選運動を呼びかけた高橋哲也教授

〇一六年）七月に参議院選挙があり、（与党議員）六〇人が改選される。これから参議院で審議がされるわけですから、与党の改選議員を個別撃破して、『今度の法案に賛成するようなことがあれば、選挙で落しますよ』と言っていきましょう。衆議院に戻ってくるかも知れません。衆議院で再議決をする時に『次の選挙で落しますよ』と一人一人の議員に迫っていきましょう。そのようにして権力者に憲法を守らせましょう」

これを受けてシールズの中心メンバーの本間信和氏はこう呼びかけた。

「デモだけじゃない。俺達が出来ることは全部やっていきますよ！」

「あの建物も政治家も入れ物なんだよ。あの椅子に座るのは、俺達一人一人なんだ」。

「一人一人が集まって、社会を変えるうねりになるのですよ。来週も集まりましょう！」。

そして最後のコールが始まった。

「安倍を倒せ！」「安倍を倒せ！」。

シールズの運動は地域や世代を超えて急速に広がった。このうねりが、自公与党議員の落選運動として具体化していけば、政権交代（〝護憲連立政権誕生〟）の可能性は一気に高まるのだ。

シールズのバイブル的な投書「元・海軍飛行予科練習生（予科練）の思いを受継ぐ」

〝安倍チルドレン〟の武藤貴也衆院議員（滋賀四区）がシールズをツイッターで「『だって戦争に行きたくないじゃん』という自分中心、極端な利己的考えに基づく」と批判したが、本当なのだろうか。

明治大学大学院の千葉泰真氏は二〇一五年七月三十一日、都内で開かれた安保法制反対集会で、「敗戦によって悲しみの底に投げ出された日本人だから持てる『二度と戦争をしない』と誓った不戦の感性がある」と切出し、二〇一五年七月二十三日の朝日新聞に掲載された元予科練（海軍飛行予科練習生）の加藤敦美さん（八六）の投稿を朗読した。

「安保法案が衆院を通過し、耐えられない思いでいる。だが、学生さんたちが反対のデモを始めたと知った時、特攻隊を目指す元予科練だった私は、うれしくて涙を流した。体の芯

朝日新聞の投書を読み上げる千葉泰真氏

から燃える熱で涙が湯になるようだった。『オイ、特攻で死んでいった先輩、同輩たち。今こそ俺たちは生き返ったぞ』とむせびながら泣きながら叫んだ」「人生には心からの笑いがあり、友情と恋があふれ咲いていることすら知らず、五体爆裂し、肉片となって恨み死した十六歳、十八歳、二十歳――。若かった我々が、生まれ変わってデモ隊となって立ち並んでいるように感じた。学生さんたちに心から感謝する。今のあなた方のようにこそ、我々は生きていたかったのだ」。

千葉さんはこう続けた。

「この記事を読んだ後、僕は国会前に立つ時、いつも、かつての戦争に短い生涯を散らした先人たちが近くにいて、『がんばれ』と背中を押していてくれるような気がするのです。もう一度、言いたいと思います。大きな理想を掲げて培った、この類稀なる感性を軽薄に投げ捨てるということは、あの悲惨な戦争で犠牲になった数多の先人たちに対し、あまりに冒瀆的なのはないでしょうか」。

こう安倍首相を一刀両断にした千葉氏はシールズと首相との決定的違いについて、こう断じた。

「戦争という全ての人権を否定する、人類の行いで最も愚かな行為に対する想像力が、また、その結果生じる私怨の想像力が圧倒的に欠如しています」

シールズの若者たちは利己的考えではなく、元予科練ら戦争体験者の思いに耳を傾け、想像力を働かせながら戦争の本質を見抜いた上で、安保法制に反対していたのだ。

シールズにとってバイブル的な投書をした加藤敦美さん

――予科練（海軍飛行予科練習生）だった八十六歳の加藤敦美氏が投稿した「学生デモ　特攻の無念重ね涙」（二〇一五年七月二十三日付「朝日新聞」）がネット上や集会を通して広がっています。安保法案に反対するシールズの学生たちの姿を見て、「オーイ、今こそ俺たちは生き返ったぞ」とかつての特攻隊仲間に呼びかけるものですが、戦後七十周年の前日（二〇一五年八月十四日）の国会前集会でも中心メンバーの奥田愛基氏が「僕らメンバーがよく、ここに来る前に毎回読む」と言って涙ながらに全文を朗読しました。

加藤敦美　衆院で安保法制が強行採決をされた直後、ＳＥＡＬＤｓの写真が新聞に載っていた。それを見て、涙があふれ出て来ました。「俺たちはこんなふうに生きたかった」という思いが込み上げてきたのです。

なぜ予科練で特攻を目指していた私が、若い人たちの姿を見て泣いたのか。それは、何かのルサンチマン（恨み）だったと思います。「あんなふうに生きたかったな」という思いが心の底に溜まり続け、一気に噴き出したのでしょう。

●インタビューした二〇一五年八月当時、八十六歳の加藤さんは一九二八年に満州の大連で生まれた。祖父も父も南満州鉄道（満鉄）の社員で、十六歳の時に予科練（海軍飛行予科練習生）に合格して本土に渡った。

加藤　予科練では「海軍通信学校」（山口県防府市）に入り、モールス信号を受信する訓練を受けました。九州の基地から出撃した特攻隊機が敵艦突入の際に発する信号音を聞き取っていたのです。

周波数を合わせせると、「ピーーー」という音が聞こえましたが、ふっと消えた。しばらくして、また「ピーーー」と鳴って、ふっと消える。その時に班長が「今のは特攻機が突っ込んでいった時の音だ」と私に告げました。聞こえなくなった時が死の瞬間だったのです。

最初は「ああ、そうか」と思っただけでした。音しか聞こえず、特攻機が突っ込んでいく映像を見たわけでもなかったので、何の感情もイメージもわかなかったのです。

でもパイロットが電鍵を押しっぱなしにしないと、電波は出続けないのですが、特攻隊員は死ぬ瞬間まで「絆」「つながり」を断たれないようにしていた。このことに気が付いて、「最後まで俺たちを見捨てるな！」という魂の叫びに聞こえるようになりました。国も靖国神社も天皇も関係はない。「ただ誰かとつながっていたい」というのが特攻隊員の本当の思いだったに違いないのです。

――〝安倍チルドレン〟の武藤貴也衆院議員（滋賀四区）はシールズの主張を「利己的」と批判しましたが、どうお感じになりましたか。

加藤　「また来たか」と思いました。私は満州で生まれ育ちましたが、小学生の時から「自分のことを主に考える奴は利己主義だ、非国民だ」とさんざん言われました。同じことを武藤議員が言い出した。「国のためにおまえらの命を寄こせ。嫌とは言わせないぞ」という意味としか取れませんでした。

当時は「死ぬことは美しいこと」と賛美され、「天皇陛下のために死ぬ。死んでも靖国神社に行って神になれる」と教えられました。そして日中戦争が長引くにつれて、ピカピカだった装備はボロボロになっていき、「このままでは満州での居場所がなくなる」と思い詰め、急き立てられるように予科練に志願し、合格しました。

それでも満州を離れる時、本音では「(入隊を)誰か止めに来てくれないのか!」「助けてくれ!」と願っていました。「天皇のために死ぬ」と考えても、恐怖で体の震えが止まらなかったのです。

予科練でも死ぬことしか教えられませんでした。上官に棍棒でぶん殴られ、怒鳴られたりして、消耗品のように扱われた。百田尚樹著『永遠のゼロ』のような美化された世界ではありませんでした。実際、練習生隊長からは「天皇や国のためなんかのキレイごとではない。お前たちは消耗品だ。命令されたら死ねばいいのだ!」と言われました。そして先輩や同輩たちは特攻で次々と死んでいった。人間魚雷「回天」で亡くなった仲間もいた。

でも本当は「自分たちは生きたかった」、もっと言えば、「愛されたかった。愛したかった」。

愛し愛される機会が奪われていた海軍生活の中で、それでも仲間たちは「愛してくれ。俺も愛したい」「誰かとつながっていたい」と思いながら、「ピーーー」という音を残して亡くなっていったのです。それで、朝日新聞の投稿には「人生には心からの笑いがあり、友情と恋があふれ咲いていることすら知らず、五体爆裂し、肉片となって恨み死した」と書き綴りました。

●加藤さんはアルバムを開いて、予科練時代の写真を見せてくれた。当時は十七歳。約七十年前に撮影されたものだった。ちょうど七十年間、日本は憲法九条を守って、戦争をしてこなかった。

加藤　今も高校生の安保法制反対デモのニュースが流れていましたが、若者たちの反対運動を見ると、希望のように感じます。と同時に、涙が出てくるのです。涙を通じて沢山の人たちが共鳴作用を起こしているのかも知れません。若者たちの運動と広がりは、集合的無意識の結集体のようなもので、平和を望む人々の思いが一定方向に動いているのではないか。私の伺い知らないところで、朝日新聞の投書が広がっているのは、そのためかもしれません。

「安保法制＝アメリカの傭兵になる」と考えています。安保法制が成立した途端、戦争が起こせるようになります。一番怖いのは「国家安全保障会議」で、メンバーは安倍首相と官房長官ら四人だけでしょう。彼らが真珠湾攻撃や満州事変のようなことを企んでも、特定秘密保護法があるから誰も知ることができない。ナチスドイツのような軍事国家の完成です。そして、いったん鉄砲をぶっ放してしまうと、国民の心はガラリと変わってしまうかも知れません。

でも、いまや憲法九条は日本のアイデンティティですから、逆に安倍政権が総崩れになるかもしれません。「安倍路線に対抗できる力を持っているのは憲法九条ではないか」と思ったりもします。

実際に「憲法を守れ」と訴えるシールズの運動が世代や地域を超えて広がっています。若者たちの運動を見ると、憲法九条そのものが話しているような気さえします。戦争をしないシールズの路線か、戦争法案をゴリ押しする安倍路線が激突しているともいえます。

私はクリスチャンですが、「敗戦で真空地帯のようになった日本に、平和憲法が神様のように舞い降りてきた」と感じることもあります。憲法九条はもはや日本だけのものではなく、世界の宝のような存在です。戦火に見舞われている中東の人たちも「憲法九条、平和憲法のある日本は羨ましい」「自分たちも憲法九条があったらいい」と言っています。だからこそ、日本国憲法を壊す権利は誰にもありません。ましてや、安倍首相にはないと思っているのです。

●戦後七十周年からちょうど一週間後の二〇一五年八月二十二日、奥田氏は京都市内の加藤さんを訪ねた。前夜の金曜国会前集会でもマイクを握った翌日、夜の鎌倉集会までの間に日帰りをしたという。奥田氏はこう話す。

「加藤さんは、僕らが投稿を読み上げていることを知っていました。新聞記者から伝え聞いていたそうですが、『戦争体験者の押付けではなく、戦争体験を全く知らない君たちが戦争反対を言い出した。勝手にやり始めて本当にありがとう』と涙ながらに言っていました。それにつられて僕ももらい泣きしてしまいました」

特攻隊員の無念の思いを受け止め、不戦の誓いの「憲法九条」をぶち壊す安倍政権の打倒を目指す。これが〝若者たちの戦後七十年談話〟といえるのだ。

野党共闘の気運が高まる――シールズ主催の渋谷街宣集会

戦争法成立から約一カ月後の十月十八日、シールズ主催の渋谷街宣集会には野党五党の国会議員が駆け付け、それぞれスピーチをしていったが、小池晃参院議員（共産党副委員長）は党の方針転換をこう説明した。

「なぜ共産党が変わったのか。シールズの皆様が国会を取り巻いて、何万人もの声をあげた。『民主主義とは何か』『立憲主義とは何か』。この声に応えなければ、政党の意味がないじゃありませんか。共産党も脱皮をした。脱皮をさせられたのです！」。

実は、シールズは三カ月半前の六月二十七日にも同じ渋谷で街宣集会を開いていた。この日の司会者を務めたシールズの千葉泰真氏（明治大学大学院）が「前回は三野党が話をしましたが、今回は野党五党が肩を並べて同じ場所で話す。この数カ月で『日本の政治』の前進を僕は感じています」と感慨深げに話したのはこのためだ。

ちなみに六月集会では、民主党の菅直人元首相と共産党の志位和夫委員長と維新の党の初鹿明博衆院議員が三人で握手をしたが、当時の維新大阪組（現在は「おおさか維新の会」の国会議員）が「（維新が進めてきた看板政策の）大阪都構想に反対した共産党と握手をするのは何事か」と初鹿氏を批判したことが報道された。

共産党副委員長の小池氏も、三カ月の変化をこう語っていた。

「六月二十七日にシールズの皆様がここで集会を開いた。あの時から野党の共闘が本物になった。あの時（の握手）は少しぎこちなかったが、今は自然に手をつなげるようになった」。

この街宣集会で最も盛り上がったのは、野党議員が順番に挨拶していく姿を見た参加者の間から「野党は共闘」「野党は共闘」のコールが自然発生的に始まった時のことだ。司会者の千葉氏は思わず、こう強調した。

「今日だって、この国は間違いなく前進していますよ。野党議員が手を結んで、国民が『野党共闘』というコールをした。これだけでも確実な一歩、この国の前進であるのです。この〝絵〟を作ったのは、ここに集まった国民の皆さん、一人一人です」。

学生と学者が連携して盛り上がった戦争法反対運動は、野党共闘（選挙協力）を促してアピールする〝舞台〟（〝シールズ劇場〟）を提供する役割を果たしていた。

この後もシールズは精力的に動いた。二〇一五年十月二十五日には法政大学で「学者の会」（安全保障関連法に反対する学者の会）との共催でシンポジウムを開催。参院選でも学生と学者が連携することを明らかにし、関連集会を十二月六日に都内で開くことも発表した。

十月二十八日の外国人特派員協会での会見でシールズはさらに踏み込んで、「来夏の参院選での野党選挙協力が実現して野党統一候補が立候補した場合、シールズ自らが応援をする」という考えも明らかにしたのだ。

小林節氏とシールズの連携も本格化していった。二〇一五年十月三十一日には千葉県習志野市、十一月一日にも茨城県つくば市での集会（いずれも戦争法反対団体が主催）で小林氏とシールズの諏訪原健氏（筑波大学大学院）が共に参加。「野党結集」をそろって訴えた。諏訪原氏が「小林節先生とは二日連続です」と一日の集会で挨拶したのはこのためだ。

こうして小林氏ら学者とシールズら学生・護憲団体から成る「仮称・安倍政権打倒のための自主的選対本部」のような組織を設立しようとする気運は、確実に高まっていった。参院選（特に一人区）で野党統一候補を擁立、自公候補を軒並み落選させて、参院を過半数割れに追い込むためだ。

十月十六日には、野党五党の幹部とシールズなどの戦争法反対団体が会談。二〇一六年の参院選で野党が選挙協力をすることを期待する声が相次いだ。これを受け止める形で民主党（当時）は、参院選一人区で「無所属候補を野党各党が支援する」という選挙協力を呼びかける方針を決めた。共産党も「国民連合政府構想が選挙協力の条件ではない」として民主党の提案に同意、ハードルを下げる柔軟な対応をしたことで、参院選の帰趨を決する一人区で野党共闘（選挙協力）の道筋が見えてきたのだ。

奥田愛基氏に聞く

「二〇一六年は選挙イヤー・参院選三二の一人区全勝・投票率七五％目標」を掲げた

——シールズは「三二の参院選一人区の全勝」「投票率七五％」を目標に掲げられています。

奥田愛基　無所属の野党統一候補を応援する全国的取組みは初めてだと思います。去年は「デモに参加できる社会にしよう」「国会前に三〇万人が集まろう」と言っていましたが、国会前のデモの光景がテレビで流れたり、雑誌の表紙にもなって、二〇一五年はデモに参加するのが当たり前となる年になりました。

夏に参議院選挙があり、衆参同時選挙の可能性もある今年、二〇一六年は「選挙に参加するのが当たり前の年」にしたいと思っています。今まで選挙に関わって来なかった人たちが、選挙事務所の扉をコンコンと叩いて、「この政策についてどう思っていますか」と候補者やスタッフに政策を聞きに行く。応援したいと思えば、「ボランテイアをやります」「どういうことが選挙で手伝えますか」と聞いてみてもいい。政党の党員でもない人たちが選挙に関わることを勝手連的に始めれば、社会ムーブメントになるのではないでしょうか。

去年（二〇一五年）の夏、安保関連法（戦争法）を止めようとして「三〇万人が国会に行こう！」と呼びかけた時、「そんなこと出来るはずがない」という否定的な反応が少なくありませんでしたが、実際には国会前に一〇万人規模、全国では一〇〇万人規模の人がデモに参加しました。同じように今年、「三〇万人が選挙事務所に行こう」と呼びかけるのです。「金曜日夜に国会前に集まりましょう」と告知したのと同じように、「〇〇日に選挙事務所に集合しましょう」と呼びかけて数百人規模が集まったら、これまでにない選挙キャンペーンになると思います。

奥田愛基氏

「デモと選挙でどちらのハードルが高いのか」と聞かれても、答えはよく分かりませんが、そんなに難しいことではない気がします。

去年、栃木で初めて戦争法反対のデモをした十六歳の女の子と話をしました。「次は何をしたらいいのでしょうか？」と聞いてきたので、「次は選挙のことをやったら」とアドバイスしました。そうしたら「公開討論会をやってみましょうか」という話になって、「いいじゃん」と言いました。そう考えたら、今年の目標もそんなにハードルが高くない気がします。

とにかく自公の組織票に対抗するには、自分たちで選挙に参加する習慣をつけないと、太刀打ちできないと思います。自民党や公明党の人たちは選挙が終わった瞬間から、次の選挙のことを考えています。それに対抗するには、「選挙に参加していくことは大きな意味がある」と思えるカルチャー（文化）にしていくことが大切で、それが僕たちの目標なのです。政治に絶望して選挙に参加しなくなるのが一番良くない。

——安倍政権は前回（二〇一四年十二月）の総選挙で、「政権交代の可能性はゼロに等しい」という白けムードで多くの有権者が棄権、かつてない低投票率となって自公は組織票を固めて圧勝しました。

奥田　「組織力が強い政党が勝つ」という状況を変えないといけない。民主主義は「この社会でどうやって合意を取って行くのか」という決定のプロセスです。間違ってしまうかも知れないが、「それをどう修正するのか」という民主主義を使いこなす能力が大切なのです。選挙に参加するカルチャーは一日や二日で出来ることではないでしょうが、今年の選挙を通じて、いろいろ悩みながら経験を積んでいくことが必要だと思っています。

いまアメリカでは、大統領選の予備選挙が盛り上がっています。公開討論会での各候補の発言が大きく報道されていますが、野党が候補者の絞り込みができないのだったら、日本でも予備選をやるといいと思います。公開討論会を開いて、候補者同士に議論を闘わせてもらった上で模擬投票（予備選）をやればいい。公開討論会は一回だけでなく、複数回やってもいいと思います。候補者の選定過程から参加することで、その結果に納得できるようになり、選挙は劇的に変わると思います。「野党間の調整が上手くいっていない」「野党は共闘すべきだ」と批判するのもそろそろ飽きてきました。それなら市民側が動くしかないということです。

――野党統一候補が決まっていれば、その選挙事務所を訪ねて政策について聞いてみる。候補者が絞り込まれていなければ、市民主導で公開討論会を開いていくというわけですね。

奥田　公開討論会に加えて、去年のようなデモをやってもいい。そこでパンフレットを配ったりする。公開討論会の集会場は多くても千人規模でしょうから、デモの方が多くの人たちが参加することができます。

夏の参院選や次期総選挙は「安倍政治イエスかノーか」の選挙になると思います。安倍政権はかつてないほど右寄りになっているので、それを元に戻すことには大きな意味があります。「国家のためのアベ政治は駄目」と有権者が選挙で意思表示をするのです。安倍政権は「国家安全保障」の名の下に、特定秘密保護法を成立させ、安保関連法（戦争法）も強行採決をしました。いまや「国家は国民のためのもの」という立憲主義の大前提が崩れそうになっているのです。本来ならこんなレベルの低い話ではなくて個別の政策を具体的に議論しないといけないのに、その土台が揺らいでいるため、まずは「安倍政権を倒して立憲主義を取り戻す」ということが緊急課題になっているのです。立憲主義は「個人の尊厳を守るための政治」でもありますが、これを具体的な政策にした場合、「きちんと富の分配をして大企業優先の格差社会を変える施策」を提案したり、「原発再稼働はしない」と明記したエネルギー政策を打ち出すことになると思います。実際に（シールズが参加した）「市民連合」のホームページには、政策として安保関連法廃止だけでなく、原発問題や格差是正の政策も掲げています。

最近、マニュフェスト型の選挙のやり方が多いので、「具体的ではない」と言われるかも知れませんが、それこそ各地の公開討論会で参加しながら、例えば、貧困問題について話し合える場をたくさん設定して、その中で見えてきたことを政策立案してもいいと考えています。全国一律のマニフェストを作るのではなく、各地の議論を通じて決めるということです。そういう議論を経て出来た法案は、成立した時の達成感も全く違うと思います。

市民連合とは別に、政策を立案する「リデモス（ReDEMOS）」を立ち上げましたが、人口減少社会や貧困・格差問題など中長期にわたって耐えうる政策作りも考えています。

――戦争法成立直後の集会で、今後の活動について「書店にヘイト本ばかりが並んでいますが、こうした日常の光景も変えていきたい」と意気込んでいました。

奥田　情報発信基地を持ってもいいと考えています。すぐ手に取れるようパンフレットをみんながどんどん勝手に作ればいい。カルフォルニアの友達に教えてもらったのですが、アメリカの大学生は、編集ソフトを使った文書をカラーコピー機で印刷、ホチキスで止めて小冊子にして配っています。勉強会やデモをするのと同じようなノリで、みんなで〝小規模出版〟にチャレンジをするといいと思っています。

年配の方も見る機会が増えた動画も作っていきたい。シールズは去年（二〇一五年）秋、終戦直後の焼野原から戦争法反対の国会前デモに至るまでの映像を盛込んだ「戦後七十年動画」を作りました。編集（制作）に三カ月かけたのですが、時間が滅茶苦茶かかっていて、普通の企業がシナリオライターを雇って機材をレンタルとして制作した場合、一〇〇万円以上は軽くかかったでしょう。シールズのメンバーが手弁当でやったから、カンパで出来たということです。

「シールズが情報発信をするメディアになれば、いいじゃん」とよく言われますが、「大変ですよ」と答えています。続編となる動画もどんどん発信していきたいと思っていますが、ずっとカンパが集まるのも分からないし、今回のような手弁当の離散集合型では、長くは続かないのかも知れないとも感じています。それに対してどういうことが考えられるのか。

海外では、寄付金で人件費をまかなうことが当たり前になっています。日本では、社会運動でお金をもらうことに嫌悪感を感じている人は多いと思いますが、もう少し寛容であってもいい。市民団体の事務局をやるのに「手弁当では無理」という人であれば、バイト代を出してもいい。飲食店でバイトしても千円弱の時給は出る。社会運動の活動費にも同程度の人件費を出すことが当たり前にならないと、社会運動は続かないのではないか。

「日本会議」にはアパホテルの社長が資金提供しています。なぜリベラル側にはこうした事例がないのか不思議ですが、立場が違っても学べることは学ぶ。スポンサーとなってくれる社長を各地で見つけてくるといいのではないか。

――シールズの活動を支援するスポンサーは見つかったのでしょうか。

奥田　「まだ現れていません」というか、「まだスポンサーが必要となる計画が決まっていない」というのが実情です。先ほど、「ほんの木」が発行されていた大学生向けフリーペーパー『U』や国際情報誌『アップデイト』を見せていただきましたが、「あっ、スポンサーがついている！」「これだ！」と思いました。是非、若者向けの雑誌出版にもチャレンジしてみたい。紙媒体とネット記事を組み合わせた雑誌形態になるかも知れません。

――各地の参院選一人区での選挙ルポ、候補者紹介や公開討論会や予備選などの情報をどんどん発信することができますね。

奥田　こうした活動には、応援するカルチャーが必要だと思います。「ネット右翼はすごい」「あのマメさは何なのだ」と感心したことがあります。彼らはシールズの動画を見に行って「バッド（悪い）」を押していく。『悪い』が沢山つくと、検索にかかりにくくなる」というネットの特性を知っているのです。シールズの動画も検索で出にくくなってしまった。

僕らは日本会議の動画をわざわざ検索して「悪い」と押しにいくことはありませんでしたが、ネットという言論空間が主戦場の一つになっている以上、今後は彼らのマメさを見習って、絵になる動画をどんどん発信したり、それに「いいね」をつけてもらうよう応援要請をするなどして対抗していかないといけないと考えています。

――シールズと他の市民団体との連携はどうなっていますか。

奥田　安保法制・格差問題・原発問題などで大まかな思いを共有する、緩い連携にするといい。一〇ぐらいの団体とラインで連絡を取り合い、各選挙区の情報を共有しています。

政治と生活があまりに離れているので、結びつける候補者が当選するといい。「普通の人は集団的自衛権と集団的安全保障の違いもホルムズ海峡の場所も分からないし、政治のことは分からない。保育園がないといった生活の問題で困っている」と言う人がいて驚きました。「安保法制は政治の話で、身近な世界の問題は政治の話ではない」というわけですが、本来は保育園の問題も政治の話です。政治の格を上げていて「生活の問題は違う」と切り離す政治文化を「身の周りのことも政治の話」に変えたい。

政策を立案する「リデモス」も立上げました。防衛費が増えると、社会保障費が削れるという関係にありますが、安全保障分野だけではなく、そういうことも含めて政策をパッケージ化していきたい。国会では、いまだに「アベノミクスが上手くいっているのか」という議論をしていますが、奨学金の話など学生にとって深刻な問題から取り上げて、具体的な政策立案にまで持っていきたい。

アメリカでも「一％（富裕層）対　九九％（庶民）」の格差が問題になっていますが、今回を機に生活のことを政治の舞台にもう一度引き上げて行くのです。「若者は政治に無関心」と言われますが、生きている限り、政治から離れることはできない。若者を虐げたり、疎外してきたのは政治の方ではないでしょうか。こうした視点を持っていきたいと考えています。

選挙に参加して政治を変えて行くこと以外にも、社会参加の方法はいろいろあります。コンシューマー（消費者）として何を買うか。ブラック企業の商品を買うよりも社会貢献企業の製品を買うこともその一つです。こうしたことも全て社会を変えることにつながります。地方では、ラジオ局の枠を売っていることがありますので、そこから情報発信することもできます。

第五章　安倍政権打倒の必要性

——対米追随で戦争国家作りに邁進

安倍首相がヒトラー化する緊急事態条項の危うさ

報道ステーションは古舘伊知郎キャスターが交代する直前の二〇一六年三月十八日、安倍晋三首相とヒトラーを二重写しにする特集番組「ワイマール憲法が生んだ独裁の〝教訓〟」を放送した。古舘氏がドイツに飛び、世界一民主的とされたワイマール憲法の「国家緊急権」がヒトラーの独裁を招いた歴史を辿った上で、自民党の憲法改正草案に同じような「緊急事態条項」が盛り込まれていると指摘。「強いドイツを取り戻す」「決断できる政治」「(戦争の準備を)平和と安全の確保」と訴えるヒトラーも紹介、同じようなフレーズを繰り返す安倍首相の共通性を浮彫りにしたのだ。

テレ朝関係者は「緊急事態条項に関するドイツ視察企画は、去年三月にコメンテーターの古賀茂明氏と共に交代になったMプロデューサー(現・経済部長)が持ち込んだと聞いています」と話す。

その翌月の四月十日、北海道千歳市。「参院選の前哨戦」といわれた北海道五区補選の告示日二日前に、ジャーナリストの鳥越俊太郎氏は、野党統一候補の池田まき氏や奥田愛基氏らも参加した集会に駆け付け、リレー演説で緊急事態条項の危険性を訴えた。三千人以上の

千歳市で緊急事態条項の危うさを訴える鳥越俊太郎氏（左）

聴衆を前に、ヒトラーと安倍首相を重ね合せた報道ステーションのドイツ・ワイマール憲法特集を紹介しながら、「補選で勝利して、参院選で自公に三分の二を独占させてはいけない」と呼びかけたのだ。

「ヒトラーは武力で権力を握ったわけではない。ワイマール憲法という最も民主的な憲法の中に『国家緊急権』という一項があった。これを利用して全権委任法という法律を作り、国家権力をナチスヒトラーが全部掌握して、あの戦争、アウシュヴィッツへ突き進んだ」「自民党が求める憲法改正の中に『緊急事態条項』があります。これは『国家緊急権』と同じ。何かあったときに政府は、憲法を停止してあらたに法律を制定できると書いてある。私たちの日本国憲法を投げ捨てて、新たに安倍総理が政令を勝手

に定めて日本を好きにできるのです」（鳥越氏）

熊本地震が発生した翌日の四月十五日、菅義偉官房長官は記者会見で、緊急時の政府の権限拡大を憲法に定める「緊急事態条項」創設の必要性について、こう強調した。

「今回のような大規模災害が発生したような緊急時において、国民の安全を守るために国家や国民自らがどのような役割を果たすべきかを、憲法にどのように位置づけていくかは極めて重く大切な課題であると思っています。具体的には、国民的な議論と理解の深まり中で自ずと決まっていくのだろうと思います」

自民党は、野党時代の二〇一二年にまとめた憲法改正草案に緊急事態条項を盛り込んでいる。首相が緊急事態を宣言すれば、法律と同じ効果を持つ政令を出すことや、基本的人権を制限できるなどとする内容だ。安倍晋三首相も、昨年十一月の衆院予算委員会で「草案のどこから始めるべきか、緊急事態条項からやるべきだという議論もかなり有力だ」と意気込んでいた。

菅長官発言から四日後の十九日、憲法学者の樋口陽一東大名誉教らが立ち上げた「立憲政治を取り戻す国民運動委員会」は記者会見を開いて、「熊本地震を奇貨として憲法に緊急事態条項を導入しようとする意図を示したが、それは、冷静な議論を省略する惨事便乗型全体主義で、許されることではない」という声明文を発表。「震災のドサクサに紛れて憲法改正をするな」という警告を発したわけだが、元改革派経産官僚の古賀茂明氏も安倍政権に呆れていた。

「地震発生の翌日は、災害対応に専念するのが普通の政治家の責務。それなのに、菅官房長官は熊本地震にかこつけて緊急事態条項について言及した。『東日本大震災の時に災害対応が上手くいかなかったのは、緊急事態法がなかったため。緊急事態法があれば、被災者にプラス』という雰囲気作りをしたいのでしょう。いまや安倍政権の最大の狙いが、参院選で三分の二以上の議席を得て、憲法改正で緊急事態条項を創設することだとわかります。憲法九条を改正するのはハードルが高いのですが、緊急事態条項であれば、『戦争』と言わずに『災害』と言いながら進められる。しかし、この緊急事態条項

熊本地震直後に緊急事態条項に触れた
菅官房長官

の中には、戦争（武力攻撃）のことも入っているのですが……」。

たしかに自民党の改憲草案にある「緊急事態の宣言」は、次のように書かれていた。

「第九十八条　内閣総理大臣は、我が国に対する外部からの武力攻撃、内乱等による社会秩序の混乱、地震等による大規模な自然災害その他の法律で定める緊急事態において、特に必要があると認めるときは、法律の定めるところにより、閣議にかけて、緊急事態の宣言を発することができる」

そして緊急事態の際には「内閣は法律と同一の効力を有する政令を制定することができる」と規定している。法律は国会で審議をして成立するが、この過程をすっ飛ばして首相の独断で法律同等の政令を作ることが出来てしまうのだ。「災害対応のため」と思って緊急事態法が創設されると、安倍首相がヒトラーと同じような独裁者として君臨することが可能になるともいえる。

去年（二〇一五年）の安保関連法の国会審議の潮目を変えた憲法学者の一人である、長谷部恭男・早稲田大学教授は、先の報道ステーションの特集で自民党改憲草案の問題点を列挙した。一つ目は、「発動の要件」の甘さだった。

「まず他（国）の憲法の緊急事態条項と比べて、発動の要件、つまり宣言をする時の要件が甘すぎます。武力攻撃や大規模な自然災害の例示はあるが、どういう場合に宣言ができるのか、結局、法律に丸投げしている」（長谷部氏）。

そして、内閣が法律と同等の政令を定められることから、令状なしで突然逮捕される状況に陥る恐れがあるとも指摘した。

「法律はいろいろ重要な事を決めています。身柄を拘束される場合、あるいは刑事裁判がどう行なわれるべきかは、『刑事訴訟法』という法律で決まっていますが、それは政令で変えられることになる」「『人身の自由』は他の基本的人権の全てを支えているものですが、場合によっては『令状なしで怪しいと思われれば拘束をされる』ということは理屈としてはあり得る」（長谷部氏）。

ヒトラー率いるナチスでは、緊急事態条項によく似た「国家緊急権」の発動で基本的人権が停止され、司法手続きなしでの逮捕も可能となった。野党議員が突然逮捕され、処刑される事件が起きたのはこのためだ。日本でも戦前、特高警察による令状なしでの逮捕が横行、拷問で殺害された政治犯も少なくなかったが、そんな暗黒時代が復活する危険性を、緊急事態条項は有しているのだ。

なお安倍首相は「行政府の長」であるにもかかわらず、五月十六と十八日に「立法府の長」と言い間違えた。安保法制違憲訴訟の中心的人物で緊急事態条項の危険性を訴える伊藤真弁護士は「総理である自分も立法権を持っているという認識であり、ナチスと同じ発想」と指

古舘氏交代直前の３月18日の報道ステーション特集

摘した。

また緊急事態条項には「予算措置も講じることができる」とあるため、国会審議なしで予算投入が可能となる。税金使いたい放題の権限も首相に与えてしまうことになるのだ。

これほどの権限を一首相に集中させる必要が本当にあるのか。長谷部氏は「憲法に緊急事態条項を入れなくても、法律改正や新たな法律作りで十分」とも指摘している。

去年十一月にテロが起きたフランスでは、非常事態宣言が発せられたが、憲法に基づいたものではなく、法律に基づいたものだった。しかも日本でも既に大規模な災害に対処をする「災害対策基本法」をはじめ有事法制が整備されている。

「（緊急事態への対応が）本当に必要だという

2015年3月に報ステのコメンテーター降板になった古賀茂明氏

ことであれば、まず法律のレベルで何が必要か、それをまず考えるべきだと思います」(長谷部氏)。

ナチス化の恐れがある緊急事態法に対しては、各方面から懸念の声があがっている。自衛隊出身の村井嘉浩・宮城県知事も、菅発言直後の四月十八日の記者会見で、緊急事態の認定を内閣が判断することについて「一歩間違えると大きな誤りにつながる可能性もある」と話し、慎重な検討が必要との認識を示した。

また元自民党参院議員の畑恵氏も「〝緊急事態条項〟〜危機が迫る今こそ徹底した議論を」と題する、三月二十九日のブログで、「アクセルはメチャクチャ強力なのに、ブレーキのすごく甘い車といった感じです。こんな車が暴走しないと思えるほど、私は楽観主義者にはなれません」「（自民党改憲草案について）『ワイマール憲法』の悲劇を思い起こさずにはいられません」と釘を刺した。

先の古賀氏は、安倍首相の狙いについて次のように分析していた。

「安倍首相の狙いは、軍事力を背景に世界秩序に影響を与えていく列強リーダーになること。後藤健二さん人質事件の時も強気に出て、結果的に国民の命を犠牲にしたことになりましたが、アメリカやフランスやイギリスやオーストラリアの首脳は安倍首相を評価した。あの高揚感に安倍首相は浸りたいのではないか。[注]緊急事態条項創設に熱心なのは、『テロや武力攻撃など有事の際には、何かと理由をつけて、自衛隊を海外に派兵、国民も総動員して列強と共に戦いたい』という意識が働いているのではないかとみています」（古賀氏）。

安倍首相の野望実現のために日本がナチス化するという悪夢の近未来図が、目の前に迫っているのではないか。「参院選で自公が三分の二を占めるか否か」が、日本が独裁国家になるのかの分水嶺になる可能性があるのだ。

注　後藤健二氏人質事件については、『亡国の首相安倍晋三』の第一章で古賀茂明氏の分析を紹介するなどして検証。

古舘氏降板直前の「報ステドイツワイマール憲法特集」の舞台裏

安倍晋三首相と一緒に会食、「総理から携帯に電話がかかってきた」と喜んで自慢することもある早河洋会長は、「俺はテレ朝の日枝久（フジテレビ代表取締役会長）になる」と意気込んでいるという。政権批判を滅多にしないフジテレビの後を追い、安倍首相の威光を借りてテレ朝の〝ドン〟として君臨しようというわけだ。テレ朝関係者は「早河会長は一年前から古舘氏を交代させるつもりだったと思う」と振り返る。

「ただ去年（二〇一五年）三月にコメンテーターの古賀茂明氏や恵村順一郎氏や女性辣腕プロデューサーのM氏を切ると同時に、古舘氏も交代させるとあまりに露骨なので、まず周辺の中核メンバーを引き離して古舘氏を〝裸〟にした上で、本人を交代させたのです。しかも泥仕合になると、テレ朝としてダメージを受けるので、古舘氏側から『辞める』と言わせるように誘導したそうです。早河会長は『安倍政権批判を控えて欲しい』と古舘氏に要請。テレ朝の看板番組を十二年間背負ってきた古舘氏に対して、『ただの使用人にすぎない』と上から圧力をかけたに等しく、同氏がプライドを傷つけられたのは間違いありません。それで、古舘氏の自発的交代の形になり、去年十二月に正式発表したのです」（テレ朝関係者）。

一年前の時点で古舘氏が交代に追い込まれることは予想されていたというわけだ。去年（二〇一五年）三月の最後の出演で「I am not ABE」というテロップを掲げた古賀氏と古舘氏がスタジオで言い合いになった。

「古舘氏は当時、自分の身を守るためにテレ朝トップと徹底抗戦をせず、古賀氏を攻撃した。古舘氏個人で年間十億円以上、古舘プロとしては三十億円もらっていたからでしょう。政権に批判的な報道ステーションへの圧力は、去年三月に古賀氏らが降板する前から続いていました。古舘氏も圧力にびびっていて、政権批判に消極的な時期もありました」（テレ朝関係者）。

古舘氏は「ドイツワイマール憲法特集」で最後に意地を見せた形だが、今後の報道ステーションについては「期待できない」という見方が多い。「キャスターに抜擢された富川悠太氏は野心家で、『俺は十年やりたい』とスタッフに漏らしたそうです。『安倍政権が暴走している今、いつ首を切られてもいいから権力監視番組を作る』と言っていれば、期待できるでしょうが、早河会長の意向に沿った政権迎合番組を作ることになるでしょう」「新コメンテーターに共同通信の後藤謙次氏がなりましたが、安倍首相と会食をする“お仲間記者”の一人。後藤氏が当たり障りのないコメントで終わるパターンが増えるでしょう」。

安倍政権の対米追随を浮彫りにした山本太郎参院議員

山本太郎参院議員（生活）は二〇一五年九月二十五日、山崎正昭参院議長から厳重注意を受けた。一週間前の九月十八日の参院本会議での問責決議案採決の際に、喪服姿で合掌をしたことに対し「参院の品位と節度を失墜する行為」と厳重注意、「次回やったら（懲罰委員会にかけて）議員バッジを外してもらうこともある」と警告もした。体を張って反対の意思表示をしたのはなぜか。山本氏に聞いてみた。

山本議員　喪服姿の表現には賛否があり、否定的意見をしっかりと受け止めたい。小沢一郎代表からも「ふざけているように見えたら元の子もない」と叱責されました。

しかし二年前（二〇一三年）に参議院議員になって以来、「ルールを守れ」と言われてきましたが、ルール違反で議会制民主主義をぶっ壊す強行採決をした与党議員はお咎めなしでした。

鴻池祥肇委員長をガードする〝人間かまくら〟には、安特委以外の議員も加わりました。「盗まれた採決」と言われていますが、国会議員の質問権と国から付託された評決権（法案

アーミテージ・ナイ報告の完全コピーと追及した山本太郎氏

への賛否の意思表示）も奪われた〝強盗行為〟が問題にされていないのです。しかも直前に開かれた地方公聴会の報告もされずに、公述人の発言内容は議事録に残っていない。そもそも公聴会は、公述人の発言を参考にして採決に反映させるのが主旨ですから当然、報告と質疑が行われないといけない。採決の要件である「公聴会の報告」がすっ飛ばされて、質問権と評決権が奪われたルール無視の中で、野党の質疑で違憲立法と論破されていた穴だらけの法律が強行採決された。これは完全なクーデターです。次からは何でも〝人間かまくら〟で決めればいいことになります。

議会制民主主義を破壊されたのを目の当たりにしたので、委員会室では「自民党が死んだ日」と銘打ったプラカードを掲げ、本会議場では喪服姿で安倍首相に合掌をしたのです。「この違憲立法に対して異を唱えられない国民の代表って何なのか」「国会議員として死んでいる状態」という思いでした。

あの光景だけを見た人には「国会内でこんなことをするなんて！」「なんだ、このバカ！」と思うでしょうが、「なぜあの表現をしたのか」と疑問を持ち、戦争法案について調べてくれたらいいという思いがありました。昔の友達から久しぶりに「大変やな」と電話があったのですが、「国会の状況、知らないの？」と聞き返しました。忙しい人の中には安保関連法案の重大さを知らない人もいます。叩かれることは分かっていましたが、「政治に対する関心が高まって欲しい」というのが狙いでした。

安倍首相に合掌した時は、「憲法や立憲主義や民主主義の大切さを国民が考えるきっかけを与えてくれた」と感謝する一方、アメリカの完全な植民地として日本を捧げたことへの抗議の意味もありました。

戦争法が施行されると、自衛隊が海外に派遣されていくことは可能ですが、それは許されない。法案成立後に国会前集会で宣言した通り、アメリカからお土産を返してもらう闘いを続けていきます。

まずは二〇一六年夏の参院選が決選の場です。そこで野党が結集して与党を過半数割れに追い込んで、衆参の捩れが作る。そして次の衆院選で政権交代に持っていく。安倍政権を倒すのか、アメリカの植民地状態が続くのかギリギリのところにあります。

アベ政治はアメリカの対日提言の完全コピー

山本氏が注目する戦略国際問題研究所（CSIS）はアーミテージ氏やナイ氏ら「ジャパン・ハンドラー（日本を繰る人達）」の拠点だ。小泉進次郎農林部会長も籍を置いていた時期がある。

山本議員　二〇一五年八月十九日の安特委で「安倍政権の政策は、アーミテージ・ナイ報告の完全コピーではないか」と質問しました。その約一カ月前に玉城デニー幹事長（沖縄三区）が「機会があったらアーミテージ・ナイ報告について質問したかった」と聞いたのがきっかけで、永田町では知られていましたが、「知らない人に知ってもらいたい」という思いが強かった。それで、リポートを改めて読んだら「完全コピーだ」「ひどいな」とびっくりしました。安保法制だけでなく、原発再稼働からTPP（環太平洋戦略的経済連携協定）、特定秘密保護法、武器輸出三原則に至るまで見事に一致していたからです。経団連などアメリカの大企業側に立っている人達にとっては、ここに列挙された政策は必要ということがよく分かりました。

提言内容が一致することに対しても安倍政権の閣僚は、「（一致は）たまたまではないか」「重なっている部分はありますが」などと答えましたが、「完全コピーじゃないか」と反論をしました。

また安倍首相は「ＣＳＩＳは民間シンクタンク」と答えましたが、日本政府とＣＳＩＳは密接な関係があります。報告書を作成したアーミテージ氏とナイ氏は去年（二〇一四年）、官邸を訪れて安倍首相と会っています（一五〇頁写真）。

そして両氏がリポートで「民主党政権は決められない政治で、二流国になってしまいますよ」と警告をしたのに対し、安倍首相は「日本は二流国にはなりません」と断言しました。もちろん〝一流国〟というのは、「アメリカの言いなりになる国」という意味です。

国会審議で野党議員が「武器弾薬の輸送」についての中身を詰めていくと、銃弾や砲弾や手榴弾、果てはミサイルや核兵器まで条文上は輸送可能になっていることが明らかになった。それで「誰が望んだのか」と追及されて、二〇一四年七月に集団的自衛権行使容認の閣議決定で憲法解釈を変えたのも、今回の安保法制が作られていくのも『日米ガイドラインの改定』でアメリカから求められたことが発端であった」と政府は認めた。「米軍のニーズ」と抜け抜けと言うこと自体、安倍政権はおかしくなっています。この国は誰のものなのかは明らかです。だから、アーミテージ・ナイリポートを取り上げた審議で、安倍首相に「いつ植民地を止めるのか」「没落間近の大国のコバンザメをいつまでやるのか」という疑問を投げかけたのです。

今回の安保法制でも安倍総理は米国議会で夏までの成立を約束しましたが、日本国内で言っていないことをアメリカに渡ってから宣言することが多い。麻生財務大臣が「日本の水道を民営化する」と二〇一三年四月に宣言したのもCSISです。「誰が『国民の財産を勝手に民営化していい』と言ったのか」と突っ込みたくなりましたが、「ここで発言したら実行に移すしかない」というようにみえます。「宣言させられる」と言った方がいいかも知れません。結果として、米国の対日要望を次から次へと受け入れています。

ただし対日提言をまとめるCSISに罪はありません。実行するのかは日本政府が決めることですが、日本がアメリカに間接支配されている植民地状態であるのは確実です。

対米追随政権の悪夢の近未来図①――米国防衛予算を一部肩代わり

山本議員　アメリカの準機関紙「スターズ・アンド・ストライプス（星条旗新聞）」は二〇一五年五月十三日付の記事で「アメリカの防衛予算は既に日本の自衛隊を当てにしている。二〇一六年のアメリカ防衛予算は新法案可決が前提で、四万人の米軍兵員を削減、防衛予算も減らす方向」と書いてありました。

米国の権威ある外交政策研究季刊誌「フォーリン・ポリシー」（二〇一五年七月十六日）にも「日本の軍事面での役割が拡大、日本政府が多くの最新の装置を買うことは、ペンタゴンとアメリカの防衛産業にとって良いニュース」とあり、日本政府の購入予定兵器と社名を列挙していました。

・ロッキード・マーチン社のＦ35
・ＢＡＥシステムズ社の海兵隊用水陸両用車両
・ノースロップ・グラマン社のグローバルホーク
・ロッキード社が開発中のイージスレーダーを備えた駆逐艦とミサイル防衛システム

アメリカ側が防衛予算削減で金が掛からない上に、自国の防衛産業の金儲けになるメリットを淡々と語っているのに比べ、日本側は悪夢の近未来図をひた隠しにしているのです。それで、政府に「いいんですか、こんなことで」とを問い質したのです。

近未来図②——自衛隊員が戦争犯罪　メンタルヘルス対策費も急増

山本議員　今回の法案成立で、ＰＫＯ活動における「駆け付け警護」が可能になりましたが、アメリカの戦争犯罪に巻き込まれるリスクが高まった。アメリカの戦場の修羅場では、現場の交戦規定、自衛隊でいう「ルール・オブ・エンゲージメント（ROE）」が次々と変わっていきます。自衛隊が放り込まれた時に「危険になったから退去する」ということは許されない。他国と同じ交戦基準で対応（警護）しないといけないため、戦争犯罪に巻き込まれる可能性が高まるのです。

二〇〇四年の四月、米軍はイラクの都市「ファルージャ」を包囲、猛攻撃を行った。この作戦に参加した米兵がその時の指示について「冬の兵士　良心の告発」というDVDで語っていますが、最高権限を持つ部隊の法務官から「武器を持つ人間を見たら殺せ、双眼鏡を持つ人も殺せ、携帯電話を持つ人は殺せ、逃げる人は何か画策しているとみなして殺せ」などと命じられました。

この交戦規定に従って米兵たちは組織的に人間を撃ち尽くした。そして国連の特別報告官によると、「死亡した九〇％が一般市民」であったといいます。駆け付け警護の現場は修羅場ということです。「この国を専守防衛で守ることを服務の宣誓で行う自衛隊員を戦争犯罪者にしないで下さい」と国会審議で訴えたのはこのためです。災害からも守ってくれる自衛隊員に対し、日本国憲法無視の内容を急いで通すのはあり得ない話なのです。

イラクに派遣された自衛隊員のうち、自衛隊員（退職者を除く）の自殺者は合計五六人です。一方、アメリカの退役軍人省は二〇一〇年度予算として、メンタルヘルス対策費四五億六〇〇〇万ドル（一ドル一二〇円で五五〇〇億円）を組んでいます。非日常的な戦場に人を送り込むことでメンタルが壊れてしまい、莫大な費用が必要になるということです。

これほど莫大な予算が日本でも必要になってくることを安倍政権は考えているのか。予算がつけば、他の社会保障費は削られるのは必至です。日本は結局、戦争国家になって財政破綻することになりかねないのです。

小林節名誉教授も戦争法に警告「自衛隊は米軍の二軍に」

小林節氏は自民党に長年助言するなどブレーン役もしてきたが、今回の戦争法に対しては「米軍の二軍として自衛隊を海外派遣するもの」「〝戦費破産〟を招きかねない」と警告を発している。小林氏にも話を聞いてみた。

小林節　僕は「自民党側のブレーン」とアメリカに思われていたし、大使館のパーティーにも呼ばれたし、ホワイトハウスにも行けた。そんな中で、いろいろなアメリカ人から直に、「日本はいつ憲法九条を改正してアメリカと共に戦争できる国になってくれるのですか」という話を聞きました。憲法九条を改正しないと、アメリカと共に海外で戦争できる国にならないことをアメリカは知っていたのです。

憲法九条二項で日本は「交戦権を持たない」と定めています。日本には専守防衛を除き、海外で戦争をする法的資格がない。同盟国が戦争に巻き込まれた場合に海外に駆け付けて助ける「集団的自衛権」の行使は、海外派兵で日本はできないのです。

それなのに安倍首相は改憲をせずに、安全保障環境の変化を理由に海外派兵が可能な安保法案（戦争法案）を強行採決しました。

今回の安保法制は、自衛隊を米軍の二軍のようにして、ホルムズ海峡をはじめ地球の裏側まで派兵を可能とするものです。一方、政府は「防衛予算は増やさない」と答弁していますから、結果的に日本の防衛が手薄になってしまう。安倍首相は「中国や北朝鮮の脅威が増している」「尖閣が危ない」と訴えて安保法制への理解を求めましたが、「ホルムズ海峡の機雷掃海を終えて日本に戻って来たら、尖閣に中国の赤い旗が立っていた」というギャクのような可能性もあります。

自衛隊がアメリカ軍と一緒に戦うことは、イスラム教徒にとっては敵対宣言に等しい。そのため、テロが起きたニューヨークやロンドンやパリやマドリッドと同じように、東京や大阪や名古屋へのテロの脅威が増してしまう。

日本が〝戦費破産〟する恐れもあります。第二次世界大戦後、アメリカは「世界の警察」

と称して出口のない戦争を続けていますが、ずっと高額の〝花火大会〟を世界各地でやり続けているようなものです。その結果、アメリカはいまや〝戦費破産状態〟にあります。「そんなアメリカの戦争に付き合え」というのが今回の安保法制なのです。自衛隊の「後方支援」の内容が広がり、最前線での戦闘はしないものの、それ以外の弾薬補給・給油・通信・食糧提供・医療業務などができるようになります。自衛隊が米軍の二軍として海外に出ていくようになれば、日本の防衛予算が急増、財政破綻（戦費破産）のリスクが高まる。アメリカの兵器資本の食い物になるようなことを、なぜ進めるのだろうか。

安倍晋三首相は「存立危機事態」と「重要影響事態」というわかりにくい言葉をわざと用いて、自衛隊を海外派兵しようとしている。たとえば「存立危機事態」は地球のどこかでアメリカが襲われて、その結果、明日にも日本が沈没して日本国民の全人権が否定される危険な事態のことですが、何度考えても具体的に考えつかない。二〇一五年七月九日、日本外国特派員協会で会見したときにそう言ったら、外国人記者たちも笑っていましたよ。

これはつまり「オレについてこい」。細かいことは言えないが、オレが客観的、合理的、総合的に判断する」ということ。独裁者の発想ですよ。憲法上、戦争が出来なかった国が、法律によって戦争できるようになる。これではナチスと同じ主客転倒です。

法案ではホルムズ海峡以外にも行けるのに安倍首相は国会で「自衛隊はホルムズ海峡にし

かいかない」という主旨の答弁をしていますが、ならば「ホルムズ海峡が機雷封鎖された際にアメリカを助けるため、戦火が収まったときに機雷排除に行く」という法律を作ればいいだけの話。実際は首相の一存で、自衛隊をどこにでも海外派兵することが可能な法案です。

原発推進でも対米追随①嘉田由紀子・前滋賀県知事インタビュー

「安倍政権は、立地自治体の同意だけで再稼動が出来てしまう〝川内原発方式〟を全国各地で進めようとしていますが、その必要は全くありません。知事時代に『再稼働をしないと、電力不足で停電、病院で死者が出る』と経産官僚（今井尚哉・首相秘書官）に脅されましたが、その後、節電対策を実行して夏のピーク電力を五〇〇万キロワットも減らしました。二〇一五年も猛暑でしたが、原発ゼロでも電力不足は一度も起きなかった。内政上（国内問題として）再稼働の必要性は皆無なのに、原発推進を強行するのはアメリカの外圧としか考えられません」。

こう話すのは、県知事時代に関西電力「大飯原発」の再稼働に反対した嘉田由紀子・前滋賀県知事だ。「山本太郎議員が国会で取上げたアーミテージ・ナイリポートに原発再稼働の提言もありますが、『日本は原子力関連技術の維持を担わされている』ということです。今回の安保法制と原発再稼働で『安倍政治はアメリカの言いなり』ということがはっきりしました」（嘉田氏）。

確かに「第三次アーミテージ・ナイリポート」はこう明記されていた。

「原発の慎重な再稼働こそが日本にとって責任ある正しい選択である。原子力の民間利用において、日本がロシア、韓国、フランス、中国に遅れる事態は回避すべきであり、日米両国は連携を強め、福島原発事故の教訓に基づき、国内外の原子炉の安全な設計と規制実施の面で指導力を発揮すべきである」

嘉田氏はこう続けた。「『日米原子力協定』の存在が、原発ゼロの障害になっています。矢部宏治著『日本はなぜ、〝基地〟と〝原発〟を止められないのか』がズバリ指摘していますが、この協定によって『アメリカ側の了承なしに日本側だけで決めていいのは電気料金だけ』という状態です。実際、野田政権は原発ゼロを閣議決定しようとした際、長島昭久・首相補佐官がアメリカから日米原子力協定のことを言われて、閣議決定が実質的に見送りになりました（注「添付された参考文献に原発ゼロの文言は残った」という長島昭久氏の反論参照）」。

「安倍首相は『日本の安全基準は世界最高水準』と言いますが、ウソです。プラントの安全基準が主で、避難計画がズサンでも安全審査をパスしてしまう。再び原発事故が起きるリスクは高まっているのです。

再稼働に突き進む安倍首相には『琵琶湖には足がない。原発事故から逃れようがない』と伝えたい。第一次安倍政権の時、首相は琵琶湖に来て私と一緒に島に渡ったり、湧き水がわいているのも見て『自然の力は素晴らしい』と言っておられた。『美しい国へ』を出版した安倍さんの国土を思う気持ちはどこに行ったのでしょうか。保守を名乗る自民党こそ、原発事故で故郷が汚されたことに心を痛めないといけない。『原発事故の深刻さを忘れてしまったのか。原発再稼動を進めないで下さい』と切に訴えたい」（嘉田氏）。

長島昭久衆院議員の日米原子力協定についての反論「閣議決定はされている」

野田政権時代に首相補佐官を務めた長島昭久衆院議員は二〇一二年九月、野田政権が閣議決定しようとした「二〇三〇年代原発ゼロ」をアメリカ側に説明するため訪米。帰国後、アメリカ側との協議内容を野田首相（当時）に報告した。しかし閣議決定本文には「原発ゼロ」は盛り込まれず、添付された参考文献に「原発ゼロ」の文言が残るに止まった。

これに対しメディアは、二〇一二年九月二十二日付の東京新聞が「閣議決定回避　米が要求」「骨抜き背景に米圧力」という見出しで報道、二〇一三年八月十一日放送の「ザ・スクープスペシャル」（番組名は「原発と原爆――日本の原子力とアメリカの影」）も「〝原発ゼロ〟

骨抜きの裏側」と銘打って長島氏へのインタビューを紹介した。嘉田氏のコメントに対し長島氏はこう反論した。

「(アメリカとの協議で)日米原子力協定は主たる議題ではありませんでした。いろいろな議題の中に、言葉として日米原子力協定があったのは事実ですが、それゆえに閣議決定ができなかったわけではありませんし、閣議決定をやっています」

「ザ・スクープスペシャル」では、長島氏が野田首相(当時)に報告したメモが映し出されていた。その内容は以下の通りだが、たしかにアメリカとの協議内容(議題)は多岐にわたっていた。

（二〇一三年八月十一日放送「ザ・スクープスペシャル」の画面より：右上のテロップに「〝原発ゼロ〟骨抜きの裏側」、左下には「長島が野田前総理へ送ったメモ」）

九／一四総理報告：

米側の懸念・①原子力人材・技術確保の困難性（TMI後の米国では、原発ゼロを目標にしなかったが人材確保に難渋）……人材確保に失敗すれば、かえって安全性が低下するリスク……希望のない廃炉、除染などで優秀な人材が確保できるか疑問：●具体的回答できず、

②核不拡散努力への懐疑……六ヶ所継続、もんじゅ廃止、原発ゼロで分離プルトニウムの蓄積は桁違いであり、一九九三年の日米原子力協定の前提が崩れる……そもそも「研究成果出してもんじゅ廃止」「高速炉含む専焼炉の研究開発推進」「原発の新増設しない原則」との相互関係不明確：●説得力ある回答できず、

③世界第三位経済大国の政策変更による国際エネルギー市場への悪影響（化石燃料の需要見積り、価格上昇予測不確実）・さらなる省エネ努力によるコストの増大：●曖昧な回答に終始、

④安全性について日本人自身が信頼しないものを輸出できるのか……原子力をめぐる商業分野の日米協力の行方が不確実：●具体的回答できず、

⑤長期的に不確実要因が多くある中で政府の手足を縛ることが懸命《ママ》な選択か：●柔軟

性確保、普段《ママ》の見直し、対米協議の継続を繰り返し強調
留意すべき点：
使用済み核燃料の再処理と核不拡散について、日米協議要求（異口同音）

この五項目のうちの二番目に「日米原子力協定の前提が崩れる」との記載があるため、アメリカから日米原子力協定について言われたことも、原発ゼロの障害になったことは間違いない。ただし日米原子力協定が唯一の障害ではなく、他にも障害があったということである。このメモが映し出された時、長島氏は鳥越氏の質問にこう答えていた。


ナレーション「長島は、原発ゼロをめぐってアメリカ側との調整に当たった」。

——（鳥越俊太郎氏）影響はあったのかどうか、アメリカの懸念というものは。

長島昭久・元総理補佐官「全くなかったとは思いません」。

ナレーション「当時、長島が野田前総理に報告したメモには、アメリカの懸念事項が連なっている」。

——（鳥越氏）「回答できず」が多いですね。

ナレーション「（アメリカの懸念事項について）そのほとんどに日本は回答を示せなかった」。

長島氏は、こう反論する。

「僕はその番組を見ていませんし、どういう結論になっているのかは知りません。テレビ番組は一定の方向性のもとに都合良く発言を切り貼りしてしまう。発言の真意がちゃんと伝わっていないのではないかと思います」。

「アメリカとの協議の結論を僕は持ち帰って来たのです。我々の国内だけで考えていることが、そのまま適用されるものではない。（アメリカと）修正とか妥協とか、共同でやっていく部分が生じるでしょう。『原発ゼロ』と言った時に、『六ヶ所の核のゴミをどうするのか』とか、『日本だけが（原発ゼロを）決めた時に他のエネルギーの価格が上がるのではないか』とか、いろいろな要素がある。当時、そのいろいろな要素を日本側がアメリカ側に説明しきれなかった。『しっかりとアメリカ側に説得力のある形で示せなかったのは、非常に悔しかった』ということを、インタビューを受けて話したのです」

「日米原子力協定の骨子は『再処理を含めて日本だけが特別に認められている』ということです。それに基づいて日本は原発を動かして、出てきた使用済み核燃料ゴミを六ヶ所に集めて再処理をする。原発ゼロ政策によって『核燃サイクルを回してプルトニウムを平和利用する』という日米原子力協定の前提が崩れてしまう。今でも日米協議は続いているでしょうが、安倍政権が原発再稼働に突き進む背景の一つに、日米原子力協定が関係している可能性はあるでしょう」

　番組の中で長島氏は、日米原子力協定の前提について、以下のような指摘もしていた。

　長島氏「非核国では日本だけですよね。与えられた。ある種、特権的な地位ですよね。その前提が今の説明だと、崩れてしまいかねないと。北朝鮮やイランとか、そういうところが、どう見るかっていうことが、たぶん頭にあったのだと思いますね」。

　（中略）

　ナレーション「官邸に響く声より、アメリカの意向が忖度されたのだろうか。結局、原発ゼロ方針をまとめたエネルギー政策は、わずか五日で参考文献扱いとなった。政権交代のあと、日米同盟の深化を外交の柱とする安倍政権は、原発ゼロ政策の見直しを表明した。今、原発輸出は成長戦略に組み込まれ、総理自らトップセールスに乗り出している」。


　原発ゼロ方針をまとめたエネルギー政策が閣議決定の参考文献扱いとなったことに対し、長島氏は「閣議決定は見送りになったわけではない」と強調した。

「閣議決定には『報告書の結論を実行する』と書いてある。これが結論です。閣議決定の本文に盛り込まれなかった理由ついては、当時、閣僚でもない僕が詳細を知る立場にはありません。閣議決定、つまり大臣が決めることですから。当時、『後退』『事実上の見送り』と報道されて、僕は憤慨しました。閣議決定はされているのです」（長島氏）。

「米国大企業の利益拡大をもたらすＴＰＰ」と訴える山田正彦元農水大臣

「環太平洋戦略的経済連携協定（ＴＰＰ）は日本国民の命や安全より、米国大企業の利益を重んじる典型的な対米追随政策です。安倍政権はＴＰＰに加えて、安保法制や原発再稼働でも米国の言いなりで絶対に許せない」。

こう話すのは、民主党政権時代からＴＰＰ問題に取り組んで来た山田正彦・元農水大臣だ。ちなみに第三次アーミテージ・ナイリポートには、「ＴＰＰなどの経済協定を締結、日米間の連携を強化するべき」と書かれている。山田氏はこう続けた。

「二〇一五年七月二十八日からハワイで開かれた十二カ国閣僚会合に続き、九月三十日からアトランタで開かれる閣僚会合にも駆け付けました。連携をしているニュージーランドのケルシー教授から『大筋合意をするのではないか』と聞いたためです。ＴＰＰは内容が全く公開されない秘密交渉ですが、長年取組んでいる間に国際的ネットワークを築き、リーク文書が手に入るようになりました。それを読んでいくと、ＴＰＰが米国企業の利益を増大させるものであることがよく分かります。

米国が最も重視するのは『知財（知的財産）分野』です。米国の特許料・著作権使用料は年間で約一〇兆円にも及びますが、自国のルールを世界標準にすることで、さらに米国益を増やそうとしています。例えば、ハワイでの交渉で米国は『医薬品特許の保護期間は十二年間』と主張して譲りませんでしたが、後発医薬品（ジェネリック）を少しでも早く使いたい国は『五年間』と主張。これに対して日本は間を取って『八年間』を提案して落とし所としようとしましたが、結局、折り合いがつかなかった。

もし米国の要求が通って特許保護期間が長くなった場合、ジェネリックの使用開始時期が遅れることになり、日本にはマイナスです。高齢化社会到来で増大中の医療費を削減しようとして厚労省は、ジェネリック薬品の普及拡大を進めていますが、その足かせになるためです。

ＴＰＰ締結で、日本人の食の安全が脅かされる恐れがある一方、遺伝子組換作物を扱うバイオメーカーには追い風になると見られています。日本では現在、遺伝子組換食品の表示が義務付けられていますが、ＴＰＰ締結で撤廃される可能性が出てくるからです。ＴＰＰの雛形とされる『米韓ＦＴＡ（自由貿易協定）』を締結した韓国では、遺伝子組換食品を学校給食に使用禁止にしたソウル市の条例が破棄される瀬戸際になっています。条例より上位の米韓FTAが禁じる自由競争阻害に該当する恐れがあるというのです。TPP締結となれば、日本特有のルールが認められなくなる事態は十分に考えられます」。

山田氏は「関税ゼロの自由貿易が基本のTPPの締結前に、地ならしをするように国内法が変えられる場合もある」と警告を発する。例えば、軽自動車の優遇税制が縮小したのは、「米国産自動車の輸入を阻害する非関税障壁」というアメリカの批判に配慮したものと見られている。

さらに安倍政権が進める労働法制緩和も「外国人労働者の受け入れ拡大（労働力の自由貿易化）」の一環にみえる。

「北米自由協定（NAFTA）の締結で米国内にメキシコ人労働者が増加、給与減少や失業率増加を招きましたが、日本も同じ事態となる恐れがあります。TPPは日本国民の命や安全よりも米国大企業や投資家の利益を重んじる対米追随政策の一つなのです」（山田氏）。

第六章　野党共闘は安倍政権打倒の切り札

安保法案反対で野党が選挙協力をした山形市長選

安保法案の参院審議が山場を迎える中、与野党推薦候補が激突した山形市長選（二〇一五年九月十三日投開票）で、元経産省職員の佐藤孝弘氏（自民・公明・次世代・改革推薦）が、元防衛省職員の梅津庸成氏（民主・共産・社民・生活推薦）と飲食店経営の五十嵐右二氏を破って初当選をした。しかし法案反対を訴えた梅津氏は五万四五九六票を獲得、佐藤氏との得票差は僅か一七七三票だった。「梅津氏の大善戦で安保法案反対の民意が山形市ではっきりと示された」（県政ウォッチャー）ということを物語る結果となっていた。

山形市は遠藤利明・五輪担当大臣（山形一区）の選挙区内で、しかも「遠藤氏が東京財団研究員だった佐藤氏を山形に引っ張ってきた」（県政関係者）。そして遠藤氏は、直系候補の街頭演説や個人演説会でマイクを握って支持を訴えていたのだ。

これに対し梅津氏は元防衛官僚で、政府案を「違憲」と断じて潮目を変えた憲法学者の一人、小林節・慶應大学名誉教授の教え子だった。小林氏は「（梅津は）山形と東京とアメリカで訓練を受けた秀でた人材」「政治は、権力を用いて最大多数の人々の幸福を増進する業ですが、貴君こそその地位にふさわしいと私は確信しています」との激励のメッセージを寄せて太鼓判を押した。告示前の七月三十日のキックオフ大会にも小林氏は駆け付け、梅津氏とのツーショットポスターも作られた。そして、告示日後の九月七日にも山形入り、こんな応援演説をした。

「私の可愛い愛弟子の梅津庸成君を皆さまのお力で市長にしていただきたい。それだけのために参りました。（拍手）『安保法制は今回の論点ではない』と向こう（自公）は言っていますが、影響があるからこそ、たくさんの人とお金を投入していると東京で聞きました。例によって、『安保法制は国の問題である』『地方自治の選挙では関係ない』と言って、万が一勝ったら、『安保法制が承認された』と言って強行するでしょう。これはいつものやり方ですよね」

選挙期間中に滞在・支援することも表明した小林氏は、九月十日の梅津陣営の総決起大会でも「安保法案は自衛隊を米軍の二軍として戦場に送るもの」と戦争法案を一刀両断にした。安保法制ゴリ押しの安倍政権の閣僚直系候補（自公推薦）と、小林氏の愛弟子候補（四野党推薦）が実質的一騎打ちをするとなれば、「安倍政権イエスかノーか」の政権審判選挙の様相を帯びたのは当然のことだった。直前の岩手県知事選（二〇一五年九月六日投開票・八月二十日告示日に現職が無投票で三選）は、自民党が候補者を直前に降ろす〝敵前逃亡〟をした結果、与野党激突型の山形市長選の注目度が急上昇した。そして安保法制の参院審議が山場を迎える頃の二〇一五年九月十三日が投開票日でもあったことから、国会審議に大きな影響を与えるのは確実とみられたのだ。

実際、梅津候補の応援で九月十四日に山形市入りした「維新の党」（当時）の柿沢未途幹事長は、「時の政権の自由な判断により、海外で武力行使ができる非常に危険な法案」と政府案を批判。小林氏が「合憲」とお墨付きを与えた維新独自案（対案）にも触れつつ、「山形市民の民意で政府案の軌道修正をできるかどうかという非常に重要な市長選」と位置づけ、国会審議に直結すると強調した。ただし維新は党として梅津氏推薦を決めたわけではなく、柿沢氏は「個人的に訪問」と釈明したが、これに親安倍政権の維新大阪系が猛反発、「分裂必至」と囁かれるほどの党内対立激化を招いた。

しかし安倍政権補完志向の維新大阪系（当時。現在は「おおさか維新」）の中には、与野党激突の構図をぶち壊そうとする国会議員がいた。維新大阪系の元経産官僚・足立康史衆院議員（比例近畿）は、国会審議で与野党対決している最中に、官僚時代の後輩に当たる佐藤氏を支持表明、二〇一五年九月十五日に現地入りを予定していたが、急きょ中止した。そして維新が梅津候補推薦を決定していないのに柿沢氏が山形入りしたことを問題視、ツイッターで「党執行部から『柿沢幹事長も山形入りを控えるから足立さんも控えて』との要請があった」「維新の党幹事長として街頭演説に立ってたら、それは公職」と批判した。同じく大阪組の浦野靖人衆院議員（比例近畿）も「（幹事長）辞職よろしくお願いします」とツイッターで呼応、幹事長辞任に同調した。

九月十八日の執行役員会で柿沢氏は謝罪を余儀なくされたが、松野頼久代表は「辞任するほどではない」という立場を取った。すると、先の浦野氏は「幹事長を指名した人の任命責任も問われる」と松野代表の連帯責任に言及。九月二十日には松井一郎府知事（維新顧問）が「政治家が自分の言った言葉を飲み込むのか。お子ちゃま、赤ちゃんのワガママやり放題だ」などと批判をエスカレートさせた。

足立氏は、民主党批判の質問で安倍首相に一目を置かれるほどの国会議員だった。「野党分断の斬り込み隊長」「安倍政権別動隊」と呼ばれても違和感がなく、「安保法案反対の意図を鮮明に打ち出す（野党）四党とは一線を画するべき。維新は、一刻も早く対案を提示し与党協議を再開、自公維三党合意を目指すべき」とツイッターで発信もしていた。

山形市長選で維新は、野党四党と足並みを揃えて梅津候補推薦を決定して、安倍政権との対決姿勢を鮮明にすれば、安保法制反対の国民世論から支持されたはずだった。しかし実際には、国会審議でも山形市長選でも安倍政権を利する大阪系の跋扈で「維新は野党か与党か分からない曖昧政党。どちらに転ぶか分からないので信頼できない」というマイナスイメージを与えることになったのだ。

福山哲郎参院議員（民主党・当時）や小池晃・副委員長（共産党）ら野党幹部も梅津候補の応援に駆けつけた。豪雨で山形新幹線が運休となった九月十一日には、民主党代表代行の蓮舫参院議員が東北新幹線と車を乗り継いで駆けつけた。そして「（総裁選無投票になった自民党の）全員が安倍首相を向いている」と批判した上で「（山形市長選の）選挙を通じて安倍首相に（安保法制反対の民意を）届けてほしい」と呼びかけた。

梅津氏の出陣式には、吉村美栄子山形県知事や現職の市川昭男山形市長をはじめ、約三〇〇〇人の支持者が集まった。三〇〇〇人は、国政選挙を含め山形市内で行われた出陣式で過去最高だった。山形市は「平和都市」を宣言していることから、梅津氏は「安保法制は山形から止める」と安保法案を争点化。自公が「安全保障は国の問題。市長選には関係がない」と主張していることに対し梅津氏は、「市長には自衛官募集に協力する義務がある。山形市長が募集した自衛官が危険なところに海外派遣されることがあってはならない」「山形で軍縮の国連国際会議を開きたい」と訴えた。こうして軍事力強化路線の安倍政権に地方から異議申し立てをしようとしたのだ。

これに対し自公推薦の佐藤氏は、第一声でも安保法制には一切触れず、市政を変えることや中央とのパイプをアピールする〝争点隠し選挙〟と企業団体締付選挙を徹底した。

「佐藤陣営には東京から選挙のプロが三〇人ほど送り込まれていた。『梅津支持なら売り上げが減るぞ』などと梅津候補のポスターを貼っていた中小企業を〝脅す〟など市内の企業にギリギリと圧力をかけ、締め付けを強めていたようです」（県政関係者）。

選挙情勢は告示時点ではほぼ横一線になっていた。佐藤氏は四年前の市長選で落選した後、遠藤大臣の指導・支援を受けながら地元も回っていたため、「出馬表明が遅かった梅津氏を一〇ポイントから一五ポイント程度引き離していた」（地元記者）。しかし安保法案への反対世論が高まるにつれて「安保法案は山形から止める」と訴える梅津氏が猛追したものの、一歩及ばなかった。

選挙分析——山形市長選が参院選一人区のモデルに

山形市長選が投開票された二〇一五年九月の時点では、山形県は全小選挙区（一区から三区）を自民が独占し、有権者の約三分の二が山形市の「山形一区」でも二〇一四年十二月の総選挙で、遠藤利明五輪担当大臣が次点の民主党候補をダブルスコアで破っていた。

ところが九カ月後の今回の山形市長選では、与野党系候補の得票がほぼ拮抗した。与党候補に安保法案反対の逆風が吹いたことを示すもので、自民党が小選挙区の議席を有する地域でも野党共闘で安保法案反対を訴えれば、互角の戦いができることを山形市長選は証明したといえるのだ。

しかも安保法案反対の民意は、いくつもあった梅津氏不利の要素を挽回するほど強いものだった。佐藤氏が前回市長選で惜敗した後に四年間かけて市内を回っていたのに比べ、梅津氏の出馬表明は五月末。準備期間は「四八カ月対三カ月半」と大きく出遅れていたのだ。

政党支持率でも大差をつけられていた。投開票日に放送されたNHKの出口調査によると、自民支持は四三で公明支持は二（自公合計で四五）に対し、野党合計は二三（民主支持は一八、共産と社民が二、維新が一）。政党の基礎票でも約二倍の違いがあったのだ。

しかも五輪担当大臣となった遠藤氏（県連会長）が連日のように佐藤氏と一緒に回り、中央とのパイプの太さを強調しながら企業・団体への締め付けも徹底。選挙戦最終日の二〇一五年九月十二日には石破茂地方創生大臣が現地入りし、佐藤氏への支持を訴えた。基礎票で大きくリードしている政権与党が〝全力投球〟して、ようやく僅差で逃げ切った——これが、安保法案反対の逆風が与党候補を直撃した山形市長選の実態といえるのだ。

与党系候補苦戦の理由もNHKの出口調査から読み取れた。自民支持者の二割強が梅津氏に流れていた。個人演説会で佐藤氏支持を訴えた大内理加県議は、「支持者から『今回は安保法案があるので佐藤さんに入れられない』と言われた。自民支持者を固めきれていない」と嘆き、現地入りした石破氏に対しても「相手陣営が争点化しているのだから、安保法案に触れて欲しかった」と直後の演説会で不満をぶちまけたほどだった。佐藤氏本人も含め陣営は「山形市長選と安保法制は関係がない」と一貫して訴えたが、実際には自民支持者が切り崩されていたのだ。

二番目は、民主党と共産党ら四党が手を結ぶ野党共闘が実現、各党の基礎票をほぼ固めきったことだ。前回の二〇一四年十二月の総選挙では、山形一区に民主党と共産党が候補者を立て四万六〇二九票と一万六五七七票に分散、遠藤氏（九万八五〇八票）に大差をつけられたが、今回は両党の票が合算されて基礎票でかなり追いつくことになった。

三番目は、公明党支持者（創価学会員）の動きも鈍かったようにみえることだ。先の出口調査では「自民支持者四三」に対して「公明支持者は二」と二十分の一以下で、数千票程度に留まったとみられる。「梅津陣営は創価学会関係者に『動かないで欲しい』と働きかけていた。これが安保法案に反対する学会員のサボタージュを招いたのでしょう」（地元事情通）。

四番目は「支持政党なし（無党派層）」で梅津氏が佐藤氏を上回ったことだ。これも安保法案強行の安倍政権への反発が露呈したといえる。

今回の山形市長選は、二〇一六年夏の参院選や次期総選挙のモデルケースになる。安保法制反対を旗印に野党共闘体制を作り、「自民支持者の切り崩し」や「公明党支持者の呼びかけ」や「無党派層への浸透」をしていけば、自公と互角の勝負ができることを実証したからだ。約一週間現地に滞在、教え子の梅津氏支持を呼びかけていた小林氏提唱の「野党共闘（選挙協力）による〝護憲連立政権〟誕生」の現実味が増したともいえるのだ。

野党候補が互角に渡りあった鹿児島二区補選と滋賀県知事選

公明党支持者（創価学会員）の〝サボタージュ傾向〟は、鹿児島二区補選（二〇一四年四月二十七日投開票）でも現れていた。公明党推薦の自民党公認候補の金子万寿夫氏が野党系候補の打越明司氏に二万票の差をつけて勝利したが、選挙結果を分析してみると、「安倍政権への不信任」という全く正反対の予兆が見て取れるのだ。

鹿児島二区は、鹿児島市南部、指宿市、南九州市の一部からなる九州本土側と、沖縄との間に位置する奄美群島から成る特殊な選挙区だ。

投票結果は、奄美群島では打越氏は金子氏に三万票差をつけられたが、九州本土側の鹿児島市など三市では、逆に一万票以上の差をつけて勝利した。特に打越氏の地元の指宿市などを除いた「鹿児島市谷山地区」でも、金子氏に競り勝ったことは大きな意味を持つ。

出身地・奄美の三万票の〝貯金〟で逃げ切った金子氏が「谷山地区で勝ちたかった」と当選した後の会見でもらしたのは、「双方の出身地以外の平均的な地域で勝ちたかった」とい

平均的地域で与党系候補が得票を下回った鹿児島二区補選

う意味だ。

逆に言えば、自民党王国の鹿児島で、両者の出身地を除いた平均的地区で「安倍政権は不信任を突き付けられた」ことになる。安倍政権や自民党に対する高い支持率からは考えられない結果が出ていたのだ。しかも選挙終盤では「ほとんど横一線に並んだ」「四ポイント差まで追い上げた」という世論調査結果も流れた。打越陣営の皆吉稲生・元衆院議員（民主党県連副代表）はこう話す。

「不在者投票の出足が悪かったのです。選挙戦への公明党支持者の熱意は不在者投票にそのまま表れることが多いので、実際に公明党支持者の動きは鈍かったのでしょう。このことは、『公明党支持者の票を金子候補が半分程度しか固められていない』との地元紙の報道とも一致しました。公明党関係者と話をしても、『安倍首相は暴走気味だ。ブレーキをかける必要がある』という声をよく聞いていました。集団的自衛権行使容認に突き進む安倍政権への反発が、公明党支持者の動きの鈍さにつながっていたようにみえました」。

金子陣営は選挙終盤にかけて公明党支持者にテコ入れして票固めをして逃げ切ることは出来た。しかし、安倍首相が〝暴走〟をすればするほど、公明党支持者が自民党を見離して選挙支援のサボタージュに走る傾向が強まることは確実だろう。

鹿児島二区補選での票の出方や状況を見ていくと、「集団的自衛権の閣議決定によって自公連立政権に対する創価学会員の不信感が強まり、自民党候補は選挙で勝ちにくくなる」という近未来図が浮き彫りになる。

一方、公明党が自主投票に回った名護市長選では自民党候補が落選し、自公推薦となった沖縄市長選では革新系候補が敗北した。自民党が重要視する選挙では、ことごとく公明票が大きな役割を果たしてきたのだ。

鹿児島二区補選では、集団的自衛権閣議決定で公明党支持票（創価学会員票）が一部離反した。

集団的自衛権行使容認の閣議決定や安保関連法成立で公明党支持者（創価学会員）が自民党を見離して、支援をサボタージュする可能性が出てきたのだ。

滋賀県知事選で自公推薦候補が敗北

集団的自衛権行使容認閣議決定の影響を推し量る大型選挙として注目されたのが、二〇一四年七月十三日投開票の滋賀県知事選だ。「自公推薦の元経済産業省の小鑓隆史氏　対　嘉田由紀子滋賀県知事の後継者指名を受けた三日月大造・前民主党衆議院議員」という構図であったが、公明党支持者の一部がサボタージュに走り、自公推薦候補が敗れる結果となった。「集団的自衛権の閣議決定をした安倍政権への不信任」と見なすこともできたのだ。

滋賀県知事選の小鑓候補と井上幹事長

　ラストサンデーとなった七月六日、滋賀県の創価学会幹部は危機感を募らせていた。

「閣議決定で滋賀県知事選に影響が出ています。支持者の動きは鈍く、期日前投票のペースもいつもの選挙より悪い。これから六日間、いかに支持者に説明をして追い上げをするかが課題。われわれ創価学会のトップは山口代表のビデオを見ましたから、ある程度、みんな納得しています。ただし現場はこれからということです」。

この日、公明党の井上義久・幹事長は現地入りして大津市など三カ所で、元経済産業省官僚で自公推薦の小鑓隆史候補の応援演説をした。ほぼ満席の会場で井上氏は、集団的自衛権について釈明していった。

「公明党は『平和の党』の看板は下ろしていない。『戦争が出来る国になる』とか『外国の戦争に巻き込まれる』という批判があるが、全くそういう心配はありません」「日本の専守防衛、軍事大国にならない平和主義の方向性は堅持された」。

演説が終わっても、支援者との握手をし続けた井上氏に「集団的自衛権の閣議決定で知事選に影響があるのではないか」と聞くと、「（影響が）ないようにしないといけない」と強調した。

しかし本当に海外への自衛隊派遣の歯止めになるのかは、はっきりしない。中東に機雷掃海で自衛隊を停戦前に派遣することについて、自民党は「可能」と言っているが、公明党は「出来ない」という立場で、自公に認識のギャップがあったためだ。二枚舌的な詐欺紛いの閣議決定ともいえるが、これについて聞くと、井上氏はこう答えた。

三日月候補を応援する嘉田前滋賀県知事

「新三要件に該当する事態があれば、（機雷掃海のために中東への自衛隊派遣は）出来るけれども、そういう事態は想定しにくいね」。

二〇一五年七月五日の地方代表会合に出席したばかりの遠山清彦衆院議員（九州沖縄ブロック）も、こう話す。「僕ら公明党は、（機雷掃海で中東に自衛隊を派遣することが新三要件に）該当する場合はほとんどありえないと考えています。石油が止まっても、日本に備蓄が六カ月もあるわけでしょう。機雷掃海に行かないと、国民の生命、自由、幸福追求の権利が根底から覆される場合が認定されない限り、自衛隊は中東に行けないのです。公明党の想像ではそういうケースはほとんどない」。

この自公の認識のギャップを残したまま、閣議決定がなされたということだ。先の創価学会幹部も「（機雷掃海で中東に自衛隊を派遣することについて）公明党は『行けない』という立場ですが、自民党は逆に『行ける』と言っている。これからの法整備でも自公の凌ぎ合いが続くだろう」とみていた。

これに対し、嘉田由紀子知事（当時）の「卒原発」を引き継いで後継候補となった三日月大造氏（元民主党衆院議員）は、原発再稼働反対に加えて集団的自衛権の閣議決定でも攻勢をかけた。「一つの内閣で、こんなに短い時間で（解釈を）変えていいのか」と訴え、後継指名した嘉田氏も記者会見で「国民の意見を十分に聞けていない。内容も手続き的にも懸念する」と話し、応援演説でも問題視した。

また地元選出の林久美子参院議員（民主党）と武村正義元さきがけ代表（元滋賀県知事）も、「安倍政権にノーを突きつける選挙」「自民党は調子に乗っている。典型が集団的自衛権」と閣議決定を批判していった。

一方、安倍政権の経済政策「アベノミクス」の立案に携わった小鑓氏は井上幹事長がかけつけた公明党主催の個人演説会でも、集団的自衛権にも原発再稼働にも言及しなかった。自民党得意の〝争点隠し選挙〟で逃げ切ろうとしていたといえる。

これに対して三日月氏は、集団的自衛権と原発再稼働を二大争点として訴えていた。原発問題については「3・11を教訓に、万万が一福井の原発で事故が起きれば、被害地元になる滋賀県民の声をしっかりと届け、そして、避難体制が十分ではない。安全体制もとても確認できない。この再稼働には断固反対です」（二〇一四年七月十二日の街頭演説）と立場を明確にしていた。

滋賀県に隣接する福井県の〝原発銀座〟で事故が起きれば、関西圏の水源にもなっている琵琶湖が放射能で汚染されてしまう。二〇一二年に嘉田知事（当時）が関西電力「大飯原発」（福井県）の再稼働に強く反対、後継指名の条件の一つに「卒原発」をあげたのはこのためだ。

実は小鑓氏に関しては、本人が「原発に反対する嘉田知事は『滋賀の恥』」「原発はいるに決まっている」「上野さん（県連会長の上野賢一郎衆院議員）には『自民党も原発再稼働は反対です。脱原発です』と言えって指示されるんだけど、そんな信念に反することは言えないじゃん」などと記者に語ったスタイルの「小鑓隆史メモ（怪文書）」が日刊ゲンダイやネット上などで紹介されていた（一八九ページ～一九五ページ参照）。

ちなみに小鑓氏は三日月氏らとの公開討論会で、自民党と嘉田県政の原発政策の違いはあまりないと強調。上野県連会長の指示に忠実に従っていたように見えた。そこで私は「メモの信憑性は高い」と思いつつ、事実関係を問い質したところ、小鑓氏は「読んだことはない。そう言った発言をした記憶はない。あまりに下らないので法的措置を取っていない」などと答えた。

しかし、滋賀県入りした複数の自民党国会議員はこのメモを読んでおり、文中で誹謗中傷した市長に謝罪もしていた。応援に来た国会議員が読んでいて、当事者の小鑓氏が読んでいないことなど、まずありえない。小鑓氏は「原発推進の本音を隠して、再稼働には触れない〝争点隠し選挙〟をした」と勘繰られても仕方がない。

結局、集団的自衛権の閣議決定と共に原発問題が滋賀県知事選を直撃、自公推薦の小鑓隆史候補は敗れた。滋賀県民は、原発再稼働や集団的自衛権行使容認に突き進む安倍政権に「ノー」を突きつけたのだ。当選翌日の三日月氏の記者会見で、私は「安倍政権審判の選挙だったと捉えていいのか」「安倍首相批判票が集まったと考えてもいいのか」と聞くと、三日月氏はこう答えた。

「いろいろなことを考えられての今回の結果だったと思います。原発テロに対する無防備さ、地震や津波に対するリスク、そして万万が一事故が起こった時に制御できない。そういう（安倍）政権に対する怒りや不安の声も、今回、被害地元としての滋賀で示された結果であると私は見ています」。

「小鑓隆史の横やりトーク！　びわ湖を斬る！　小鑓隆史メモ」（怪文書）

・出馬を決意したのは、原発に反対する嘉田知事が「滋賀の恥だ」と思ったから。中央から見ていて、中央では原発のことを反対する嘉田知事を誰もよく思っていないよ。自分はエネルギー政策をずっとやっていたから、それに未来の党で卒原発なんて言ってね、よくまぁここまで滋賀をめちゃくちゃにして、今もいけしゃあしゃあと知事をやってられるな、と。あの顔つき自体も気にくわないし、原発のことよく知ってるなら良いけど、あんまり知らないのに文句ばっかり言ってるでしょ。こりゃ何とかしないといけないな、と思っていた。滋賀のためによくない。

・知事選の話自体は昨年の十二月くらいから西村康稔内閣府副大臣から「滋賀県知事選があるぞ」って聞いていて、人選しているのは知っていたんだけど、自分に話しがあったのは二月の五日だったかな。大岡、二之湯、武村と面会して「知事選に出てほしい、三日で決断してくれ」って。できるわけないじゃん。最初は、妻も反対、兄貴（てつじさんというらしい）も反対。だけど、兄貴の会社の社長さんが応援してくれるってなっ

「怪文書（メモ）は未読」と答えた小鑓隆史氏

て兄貴も応援してくれた。自分の腹は決まっていたしね。今でも長女はちょっと反対しているよ。転校するのが嫌で、「別に滋賀いかなくていいじゃん」と。「知事選頑張るよ」ってメールを送ると、「頑張らなくていい」ってそんな感じ。上野（注＝賢一郎・衆院議員）さんとか菅長官にも面会したんだけど、今回は珍しくまともな候補を選んだなぁといわれた。

・俺は、知事選以外は興味ないからさ。参院議員とか、衆院議員とか言ってくれるんだけど、国会議員になってもねぇ。首長は面白いよね。だから、今後の身分保障の話は、参院選までとか、そこまで詰めた話をしていないよ。官僚は給料安くて、去年だったかな、預金口座があと一万円ってときもあった。ほとんど住宅ローンの支払いをしていたからね。退職金の話になったら妻が卒倒しかけた。あと、大体、官僚をやっていると、このままやっていて、どこまでいけるのかだいたいわかるってのの見えてきたのもあるよね。
・鈴木（注＝英敬・三重県知事）くんとか岐阜の古田（注＝肇・岐阜県知事）さんとかと最近飲んだんだけど、鈴木君は新名神道路の着工に力を入れていて、あれ、滋賀が七割、岐阜が三割だったっけ。滋賀が全然頑張らないから、困ったもんだと話していた。知事の間でも嘉田知事は失笑を買っていると言っていたよ。国交省も嘉田さんには予算出さないだろうし、嘉田さんも「お金出してくれ」って積極的に言うつもりないよね。
・首長を回ったけど、変わったやつが多いね。特に谷畑（注＝英吾・湖南市長）は膳所校で同級生だったんだけど、あんまり接点なくてよく知らないんだよ。それでフェイスブックに俺の悪口書いてたらしいじゃん。藤井（注＝勇治・長浜）市長が言ってたよ。変なやつだよね。あいつはもうぶっつぶす。（冨士谷〔注＝英正・近江八幡市長〕さんは？）あのやくざみたいな人だよね。お坊さんって言ってるけど、まんまやくざだよね。福田さんって推してたらしいけどどんなやつなの？　俺はあんまり福田さんのこと知らないんだけど。
（家森〔注＝茂樹・県議〕・吉田〔注＝清一・県議〕の印象は？）今までね、あんまり県議とか市議とか意識したことないし、別にどうだっていいんじゃないの。信用しているのは清水克実さん。国会議員はそこまで信用していないね。上野（注＝賢一郎・衆院議員）さんもびわこルネッサンスって前出たときにセンスないなぁって思った。あとは一年生議員でいっぱいいっぱいだし。二之湯（注＝武史・衆院議員）さんや大岡（注＝敏孝・衆院議員）さんは我が道を行く感じ。武藤（注＝貴也・衆院議員）さんは変な人だよね。最後の方に面談したんだけど「原発についてどう思いますか」って聞かれて「そんなんお前よりはるかにわかっとるわい」ってね。ただ、武村さんは誠実な人だなって思う。あと、信用しているのは清水克実さんくらいかな。あと松田（注＝馨・選挙プランナー）さんもひょうひょうとして面白い、いろいろ分析してくれているよね。

・三日月（注＝太造・衆院議員＝当時）さんって出るの？（出ると思う）どうなるんだろうね。（小鑓さんが。有利になるという見方が多い）草津の橋川さんと会ったんだけど、草津では彼、相当強いらしいね。ただ、国政で三日月が何やったかって話だよね。ぜんぜん存在感ない。俺も説明行ったことないしなぁ。（川端さんと比べるとどうか）全然格が違うよ。川端（注＝達夫）さんは文科大臣とか総務大臣もやったじゃん。三日月も顔つきがよくないね。国会で羽織りはかまで偉そうに歩いていて、なんだこいつと思った印象がある。受けて立ちますよ。民主党もね、俺もちょうどあの頃、原発問題やっていたんだけど、二〇三〇年代に原発ゼロを可能にするように……ってうまいこと文章考えて、別にあれゼロに主眼あるわけじゃないのにさ、辻元清美が「ゼロ」って言い出すから。民主党わけわからなかったよね。原発はいるに決まっている。朝日は国賊だよ。うちは読売新聞を取っている。原発のことまともに書いてくれるの、読売、産経、あとは、日経はちょっと中立的だよね。

・前の会見では、嘉田批判は票にならないって言われたし、できるだけ抑えたよ。あと細かい政策訴えても、票にならないよね。そこは鈴木君にも「細かい政策言っても、県民はわかんないっすよ」って言われた。経済を立て直すってことくらいかな。あとは原発。俺はあんまり争点にしたくないんだけど。上野さんには「自民党も原発再稼働は反対です。脱原発です」って言えって指示されてるんだけど、そんな信念に反することは言えないじゃん。あの人は、結構軽く色々言うよね。原発なくてやっていけるならいいけど、やっていけないんだから。

・（流域治水は？）あんなん何も中身ないよね。できたからって何が変わるってわけでもないでしょう。国の方では誰も評価していないよ。それにあのマップって県の職員につくる能力あるの？（土木学会で賞をもらっていた）学会で賞なんておままごと、お遊戯みたいなもんじゃゃん。何の権威もないよ。できたからって全く話題にもならないんじゃないかな。

・小鑓隆史メモについての解説

陳情で頭を下げられることが当たり前の誇り高きキャリア官僚がいきなり地方に来ても、上から目線でズケズケと物を言う性癖が急に消え去るわけでもない。だから当面は知事選担当者は小鑓氏が単独行動（メディア関係者や有力者との接触など）をしないようにガードする一方、謙虚な姿勢や暴言禁止を徹底するなどの政治家教育を叩き込むべきだった。「初期段階での危機管理を怠り、無防備状態で小鑓氏が記者と接触した結果、本音丸出しの発言を暴露する怪文書が知事選で広まったようだ。家森県議・吉田県議コンビの危機管理能力のなさが招いたオウンゴールといえる」（県政関係者）。

しかし小鑓氏は怪文書（メモ）に対して「虚偽の事実を流布した」として公職選挙法で訴えることも、内容を認めて名指しされた両市長に謝罪することもしなかった。「謝罪すれば、事実と認めることになるので、放置するしかなかったのだろう」（県政関係者）。

法的措置が取られなかったことで怪文書は一定の信憑性があると受け取られ、「〝原子力ムラ内閣〟の総本山の経産官僚OB　対　再稼働反対の嘉田前知事後継指名の三日月大造候補（現知事）」という対決の構図が鮮明になった。自民党は原発問題の争点隠しを目論んだが、小鑓候補自身が怪文書で「再稼働反対の滋賀県政潰しを担う刺客」と告白した形であったためだ。

ちなみに官邸を仕切る経産省出向組の今井尚哉首相秘書官も、重鎮県議コンビと組んで小鑓候補擁立に関わったとみられている。今井氏は資源エネルギー庁次長だった民主党政権時代、「大飯原発再稼働をしないで停電、病院で電気が止まったらどうする」と橋下徹市長（当時）や嘉田知事（当時）ら関係自治体のトップを〝恫喝〟。しかし嘉田氏のリークで「再稼働の黒幕」と実名報道された。目の敵の嘉田県政を潰そうとして後輩の経産官僚を送りこんだとしても全く違和感はないのだ。

嘉田由紀子・前滋賀県知事とシールズの奥田愛基氏の対談

壮観だった。昨夏、安保法制に反対するデモ隊一二万人が国会を包囲した。四十五年ぶりとなる大規模デモに若者たちを多数動員したのが、学生団体『ＳＥＡＬＤｓ』だった。あれから半年――中心メンバーの奥田愛基氏（二四）はいま、「参院選一人区での野党統一候補の全勝」「投票率七五％」を目標に活動している。そのお手本となるのが、選挙運動・政策立案・情報発信を三本柱とする政治組織「チームしが」を立ち上げ、二〇一四年の滋賀県知事選で自公推薦候補を後継候補が打破った立役者の嘉田由紀子前知事（六五）だ。今回、両氏の希望が一致して対談が実現（二〇一六年三月十五日）。ふたりは初対面ながら、九十分にわたって語り尽くした。

嘉田由紀子前知事（以下、嘉田）　まだＳＥＡＬＤｓが話題になり始めた昨年六月、私は中心メンバー・福田和香子さんのスピーチ動画をフェイスブックにアップしました。オシャレな服装で安保法反対を訴える福田さんを見て、四十五年前の一九七〇年代、ミニスカートとロングブーツでおしゃれをしながら、一方で人類生誕の地、電気もガスも水道もない文明

嘉田由紀子・前滋賀県知事と対談するシールズの奥田愛基氏

から遠く離れたアフリカ探検を計画していた学生時代の私が重なったのです。

奥田愛基（以下、奥田）　僕が生まれたのは九二年。「失われた十年」といわれる時代に育ちました。この国を変えねばならないが、何から変えたらいいのかわからない。そんなことを考えながら憲法や安保法制について訴えてきたのですが、去年の夏の安保反対デモを経て、気がついたことは、「政治とはもっともっと生活に根ざしているものだ」ということです。ただ単に反戦・平和と言っているのではなく、ただでさえ大変な日々の暮らしをこれ以上悪いものにしたくない、という生活保守のような感覚がある気がします。

嘉田　国会で追及された待機児童問題は、まさに日常生活に直結した問題ですよね。キッカケとなった「保育園落ちた　日本死ね！」というブログの感覚、私はすごくわかります。四十年前、私は学生結婚をして長男、次いで次男を身籠ったのですが、子育てと仕事を両立させるには、保育園を探して、その近くに引っ越さざるを得なかった。ところが、留学先のアメリカでは、大学に保育園がある。大学のカウンセラーは「あなたは一日二十三時間、勉強しなさい。子供は一時間の愛情で育ちます」と言う。フランスでは保育園がほぼ義務化されていて、一歳以上の子供は社会が引き受ける。未就学児の養育・教育を母親一人に押しつけているのは、日本だけです。

奥田　先日、『保育園義務化』（小学館）の著者の古市憲寿さんと対談したのですが、古市さんも「小学生に待機児童はいない。保育園も義務化すべきだ」とおしゃっていました。

嘉田　女性の就業率と出生率は実は正の相関があります。フランスでもデンマークでもフィンランドでも、女性の就業率が高い国は出生率が高い。日本は逆です。

奥田　「日本死ね」と書かれたブログについて民進党の山尾志桜里議員が質問しましたが、安倍晋三首相は「誰が書いたか分からない」とまともに答えようとしませんでした。人口が減れば、経済に悪影響を与えます。供給は生産性をあげればカバーできるかもしれませんが、需要、つまり消費は人口減少の影響をモロにうけます。ＳＥＡＬＤｓの十八歳や十九歳の女の子たちは出産経験もないのに、子供の話をします。女性のほうが将来子供を産むこと、つまり未来の社会にリアリティを感じているのです。去年、国会前でスピーチを聞いて気づきました。

嘉田　男性もそうなってほしいのですが、安倍さんは株価を上げることが経済対策だと勘違いしています。株価を維持するために、年金基金までつぎ込んでいる。株価が上がってもヘッジファンドに持って行かれるだけで、ほとんどの国民は潤わない。逆に株価が暴落して年金財産の損失が出てしまった。国家的犯罪ですよ。

奥田　まあ一度つぎ込んでしまえば止められないのでしょうが、そもそも株につぎこむおカネがあるなら、保育園はいくらでも増やせるはずです。

嘉田　そのとおりです。

奥田　低所得者は収入のほとんどを、消費しています。つまり、若者や、シングルマザーといった低所得者の収入が増えるよう投資したほうが、消費行動が増えて経済効果は高いはずです。

嘉田　滋賀県知事時代、私は地元の自民党議員が進めていた新幹線の新駅建設やダム建設などムダな公共事業を見直して、三〇〇〇億円の予算を捻出。子育て支援や教育予算にまわしました。いま、滋賀県の出生率は沖縄に次ぐ全国第二位です。

奥田　地方都市に新幹線の駅を造ったところで、ストロー現象が起きて人口が流出してしまうだけです。

嘉田　実際、地元の人たちと会って話を聞くと、「新駅もダムもいらない」「ほしいのは子供と孫」と言う。民の声が政治に生かされていなかったのです。

奥田　先日、嘉田さんは『朝まで生テレビ』（テレビ朝日系）で「もんじゅ」（高速増殖炉）は「架空の核燃料サイクル」だと批判されていました。「もんじゅを止めたら保育園がいくつ出来るのか」と考えてしまいます。

嘉田　参院選のキャッチフレーズにするといい。もんじゅにかかる一年間の維持費だけで二〇〇〇億円。日本中の保育士の賃金を毎月五〇〇〇円ずつあげられます。『朝まで生テレビ』で行ったアンケート調査では「原発は必要ない」という声が七四％を占めました。政府は民の声に耳を傾けるべきです。

奥田　メディアについては、安倍政権のメディア支配を問題視する話を最近よく聞きますが、政権批判も辞さなかった『報道ステーション』（テレ朝系）の古舘伊知郎さん、『ニュース23』（TBS系）の岸井成格さんが相次いで降板しました。

嘉田　NHK『クローズアップ現代』の国谷裕子さんも交代になりました。

奥田　『クローズアップ現代』といえば、こんなことがありました。九カ月ほど取材を受けたのですが、いつになってもオンエアされない。『BS世界のドキュメンタリー』など、他の番組で流すことも検討されたのですが、実現しなかったようです。結局、「クローズアップ現代の最終回にネジ込む」と担当者が頑張って、ようやく僕のコメントが放送されたのですが、同時に「最終回じゃないとダメなぐらいになってるのか」という気持ちにもなりました。ちなみに反原発の時は、普通に『クローズアップ現代』で取り扱ってました。

嘉田　安倍政権は「あっちに批判する人がいれば潰し、こっちに批判する人がいても潰し、すべての権力を掌握しよう」という独裁者のような感覚です。二〇一四年七月の滋賀県知事選で自民党は原発推進候補を送り込み、応援のために閣僚や国会議員を二〇〇人も送り込んできた。そこで「チームしが」を作って草の根選挙で対抗。一致団結して自公推薦の経産省出身候補を打破りました。

知事選で初当選した時からの合言葉は「小異を活かして大同につく」。「命」と「未来」という柱以外は譲ろうという考えで、二〇〇六年の知事選では私の選挙事務所にはバリバリ自民も共産も無党派もいました。多様でした。

奥田　面白いですね！

嘉田　参院選に出てくれとお願いされているのですが、私は教育世界にいて、自覚する若い世代を育てたいと思っています。奥田氏が「チーム日本」を作るなら、いろいろな形で協力します。

奥田　これまで「学生は政治に無関心」と見られていましたが、デモをするのは当たり前になった。今年は選挙運動に参加するのが当たり前にしたいと思います。

第七章　安倍政権打倒の仲間たちを集める〝シールズ効果〟

署名集めに立ち上がった創価学会有志

二〇一五年八月二十四日、衆議院議員会館前で行われた「戦争法案に反対する宗教者・門徒・信者全国協議会」の集会で、赤黄青の三色旗の下地に「戦争法案は許しません」と書かれたプレートを掲げた創価学会婦人部有志が「創価学会と公明党は違う。私たち学会員は安保法案に反対なのです」と訴えていた。

国会周辺を十二万人（主催者発表）が取り囲んだ八月三十日のシールズ主催の集会にも、創価学会有志のKさんらが参加。集会が十七時すぎに終わっても署名集めを続けていた。坂本龍一氏らスピーチをした国会前本部から少し桜田門側に赤黄青の三色旗を立て、学会員有志と賛同者が署名用紙を持って、帰路につく参加者に「山口那津男代表に安保法制の白紙撤回を求めています。署名お願いします」と訴えていたのだ。

署名活動を呼びかけた創価学会員で農家の天野達志さん（愛知県安城市在住）も上京しており、仲間と声を張り上げていた。

天野氏は「白紙撤回を求めるひとりの学会員」として地元で署名活動を始めたのだが、ネット上で知った初対面の学会員や非学会員が賛同、一緒に国会前集会で署名集めを始めていたのだ。「今日から一週間、東京に滞在する予定です。明日が期限の署名を集計した後、山口代表に手渡したい」と天野氏は意気込んでいた。

署名用紙のタイトルは「『安全保障法関連法案』の白紙撤回を求める請願書」で、次のように綴られていた（二〇八頁に全文）。

「公明党は党綱領に謳われている通り『人間主義』であり、『生命の尊厳性』を柱にしています。そして『大衆とともに語り、大衆とともに戦い、大衆の中に死んでいく』との誓いのもと、常に民衆の側に立つことを信条としてきました」「この法案を成立させることは、公明党の立党精神に反するものです。いまこそ、民衆の声に謙虚に耳を傾け、『平和の党＝公明党』の原点に立ち返り、『安全保障法制関連法案』を白紙撤回して頂きますよう請願いたします」。

そして天野氏は「安保法案撤回しないのなら公明党はもう応援しません」と明言もした。すぐ隣には、毎週金曜日のシールズ国会前集会に参加するようになった創価学会婦人部のKさんがいた。創価大学に通う娘にスマホでシールズの動画を見せてもらって集会に参加を決意。八月から毎週参加をしていた時に天野氏の署名活動を知って、協力することになったというのだ。

「安保法制に反対する創価学会員同士が出会う〝場〟をシールズが提供してくれたのです。

学会員だけではありません。学会員ではない初対面の方々と一緒に署名活動をするきっかけにもなりました。創価学会と公明党は違います。私たち学会員は、公明党が進める安保法案に反対なのです」（Kさん）。

非学会員の支援者の一つが、年配者がメンバーの「オールドズ」。巣鴨を中心に活動をしている団体で、この日も署名活動に協力をしていた。

「巣鴨は歴代会長の所縁の地。学会員がよく訪れるので、その人達への働きかけをしていました。自公連立政権を支える公明党支持母体の創価学会を切り崩すことは、安倍政権を揺るがすことになるのです」（オールドズのメンバー）。

たしかに創価学会は国政選挙で公明党だけでなく、「比例は公明、選挙区は自民」と呼びかけて自民党国会議員の議席増に貢献してきた。しかし創価学会員が次期国政選挙で与党候補応援をサボタージュ、野党候補を後押しすれば、オセロゲームのように小選挙区の議席がひっくり返る可能性が出てくるのだ。

実際、創価学会員の公明党への反発はすでに一線を超えていた。「創価学会員はもう公明党と一線を画しています。私たちの声を政治に反映してくれる〝創価党〟があればいいと思っています。立党の精神を忘れてしまった公明党はいりません」（婦人部のKさん）。

「遠山清彦衆院議員（比例九州）は平和学の博士なのに戦争法案に賛成。ツイッターでの発言もメチャクチャで炎上したこともありましたが、学会の原点を綴った池田大作・創価学会名誉会長の『人間革命』を読み返すべきです」（婦人部のIさん）。

大阪から駆け付け、本部前で三色旗を振っていた婦人部の主婦もこう強調していた。「まさか戦争はしないだろうという『公明党信仰』がありましたが、もう公明党は選挙で応援しません。安倍政権も公明党も倒す。七五年の歴史学者のアーノルド・トインビー氏と池田大作先生の対談を思い出すべきです。この中で憲法九条の大切さを訴え、軍事力による『抑止力』も否定しているのです。公明党国会議員は読み返すべきです」。

シールズ主催の国会前集会は、政党や世代や地域を超えて「アベ政治を許さない」との思いを共有する仲間を増やす役割を果たしていた。こうした創価学会員有志の〝決起〟が広がっていけば、国政選挙の一人区で自民党議員当選を下支えしてきた「創価学会員票（公明党支持者票）の離反」を招き、戦争法反対の野党統一候補が当選する可能性が高まる。「四割弱の得票で七割の議席を確保した」（小林節氏）という自公連立政権の根幹部分を揺るがすことになるのだ。安倍政権瓦解につながる「創価学会員（公明党支持者）の切り崩し」のきっかけを、シールズは作りだしたといえるのだ。

天野達志氏の「『安全保障法制関連法案』の白紙撤回を求める請願書」

公明党代表山口那津男様

二〇一五年七月十六日、衆院法本会議において「安全保障法制関連法案」が、自民公明ほか賛成多数で可決されました。公明党は、党綱領に謳われている通り「人間主義」であり、「生命の尊厳性」を柱にしています。そして「大衆とともに語り、大衆とともに戦い、大衆の中に死んでいく」との誓いのもと、常に民衆の側に立つことを信条としてきました。それは、党創立者である池田大作創価学会名誉会長の指針であります。しかし今回の法案は、多くの憲法学者が「違憲の疑い」を指摘しており、戦後七十年「誰も殺さず、誰も殺されない」日本の不戦の歴史を大きく転換し、「人間との対話と文化交流」で築き上げてきたこれまでの平和外交を踏みにじるものです。「抑止力」による外交は、国家間の緊張を高め、人間の生命を脅かす、まさに「戦争法案」です。この法案を成立させることは、公明党の立党精神に反するものです。

いまこそ、民衆の声に謙虚に耳を傾け、「平和の党＝公明党」の原点に立ち返り、「安全保障法制関連法案」を白紙撤回して頂きますよう請願いたします。

白紙撤回を求めるひとりの学会員

国会前集会で署名集めをする天野氏

北海道五区補選でも公明党支持者（創価学会員）への働きかけ

北海道五区補選では、野党統一候補の池田まき陣営が安倍政権を支える公明党支持者（創価学会員）への働きかけを行った。「安保法に疑問を持つ創価学会員に働きかけをしました」と話すのは、池田まき応援団の〝田園キャラバン隊〟の斉藤哲氏。都市部以外の地区を回る役を買って出たのだが、偶然、北広島市で創価学会員と出会ったことがあった。

「『今の公明党と創価学会との間には温度差がある』という話を聞かされ、ビラを一〇部受け取ってもくれました」（斉藤氏）。

この創価学会員宅を訪ねると、公明党から離反した理由を話してくれた。「地区の幹部が回ってきて『和田義明さんをよろしく』と頼まれましたが、『安保法をゴリ押しした安倍政権や連立を組む公明党にはついていけない』と断りました。そして、池田まきさんに期日前投票で入れました。公明新聞や聖教新聞は『公明党は安倍政権の歯止めになっている』『安保法案の参院審議で山口代表が安倍首相に質問して、地理的限定がかかる答弁を引き出した』などと書いていますが、とても信じることは出来ません。力で他国を押さえつけようとする安倍政権は、日蓮宗の教えに反しています。公明党への疑問を口にする学会員は確実に増えています」（創価学会員）。

マスコミは「和田義明氏の十三万票のうち、約四万票は創価学会が集めた」というコメントを紹介していたが、その一方で野党統一候補に投票した創価学会員もいたのだ。

池田陣営は、公明党支持者への働きかけを呼びかけていた。ラストサンデーの四月十七日には、運輸大臣などを務めた二見伸明・元公明党副委員長が札幌入りして講演。ヒトラー独裁を招いたドイツの宗教政党と、安部政権を支える公明党と重ね合わせながら、創価学会員への働きかけを提案したのだ。

「ヒトラーが（独裁を確立した）全権委任法を通しました。その時、カトリック教会をバックにした宗教政党・中央党がヒトラーに脅されたり、すかされたりして、中央党の延命をはかるためにヒトラーに賛成した。あの時に中央党が『ノー』と言えば、全権委任法は成立しなかった。集団的自衛権行使容認の閣議決定をした一昨年、公明党（の大田国交大臣）が『ノー』という勇気があれば、閣議決定が出来なかった。公明党に勇気がないから今、公明党支持者（創価学会員）は苦しんでいる。その勇気を与えるのは、公明党の支持者だと思っています。ご近所の公明党の支持者がいたならば、優しい顔をして話をしてもらいたい」（二見氏）。

こうした働きかけが今回の補選で一定程度、効果があった可能性は十分にあるのだ。

ヒトラー独裁を招いた宗教政党を公明党と二重写しにした

二見伸明・元公明党副委員長

もう一つ、私は公明党に言いたいことがある。ヒトラーが（独裁を確立した）全権委任法を通しました。あの時に反対したのは共産党と社民党です。ヒトラーは国会議事堂に火をつけて「あいつがやったのだ」と自作自演をして、当選した共産党と社民党の国会議員が国会に来てはいけないと国会の外に軟禁をした。そうした上で、全権委任法を通したのだけれども、ひどかったのは、カトリック教会をバックにした宗教政党「中央党」がヒトラーに脅されたり、すかされたりして、説得された。最初は反対だったのに、中央党の延命をはかるためにヒトラーに賛成した。あの時に中央党が「ノー」と言えば、全権委任法は成立しなかった。

私が言いたいのは一昨年、集団的自衛権行使容認の閣議決定をしたでしょう。公明党（の太田昭宏国交大臣）が「ノー」という勇気があれば、閣議決定が出来なかった。閣議決定は全会一致なのです。

集団的自衛権行使容認の閣議決定の時に公明党が、中曽根内閣の後藤田正晴官房長官が閣議決定に反対すると意思表示したと同じように「出来ません」という勇気があれば、日本の国は救えたのです。その勇気がないから今、みんな苦しんでいる。公明党の支持者は本当に苦しんでいる。自衛隊も苦しんでいる。そういう苦しみを取り除くためにも、ここは思い切って打ち破らないといけないと私は思います。ところが、その勇気を公明党は持てない。その勇気を与えるのは、私は公明党の支持者だと思っています。だから、この気持ちが少しでも伝えられれば、いいなと思っていますので、改めて、ご近所の公明党の支持者がいたならば、優しい顔をして話をしてもらいたいと思います。苦しんでいますから。中には「右向け右」という人もいるのだよ。こういう人はどうしようもないな。苦しんでいる人も大勢いるのです。

私の知り合いで、公明党の元市会議員で副議長をやった人がいるのです。「今の公明党にはとてもついていけない。選挙の時には野党統一候補がいるようだから応援するよ」という元市会議員が何人もいるのです。学会の幹部にも、「二見さんの話には賛成だな。今まで大っぴらに言えないけれども、二見さん、頑張るよ」という声が出てくるのです。今までにはなかったことです。私は、それを大きくしたいと思います。（二〇一六年四月十七日の札幌講演）

安倍政権の補完勢力と化した橋下徹・前大阪市長らおおさか維新

シールズが国会前集会で戦争法反対を訴え、呼応する野党が国会審議で廃案に持ち込もうとする真っ最中に、安倍政権に助け船を出すような利敵行為をしたのが、橋下徹前大阪市長ら「おおさか維新」の面々だ。

二〇一五年十月一日十八時、大阪市北区のリーガロイヤルホテル。国政新党「おおさか維新の会」結成の記者会見で、大阪維新の会の橋下徹代表と松井一郎幹事長は、袂を分かつことになった「維新の党」を徹底批判した。

「維新の党といろいろありまして」と切り出した橋下氏は、「偽者の維新になってしまいましたから、本物の維新を作る必要があります」と強調。「徹底した改革をおこなっていく」「国会議員を集めにかかりますので維新の党の国会議員とは激しい政治闘争になるかと思います」と宣言したのだ。

まさに〝橋下節全開〟という感じで、メディアが垂れ流す〝政治ショー〟としての出来栄えはまずまずだったが、私の目には「官邸との合作シナリオによる茶番劇」「第二自民党（官邸別動隊）の旗揚げ会見」にしか映らなかった。党首選挙をめぐる一連の経過を振り返ると、こんな素朴な疑問が湧いてくるのだ。「『偽者の維新』になったというのなら、代表選挙（二〇一五年十月一日告示・十一月一日投開票）で『本物の維新を作る』ことを掲げる大阪系候補を擁立、松野頼久代表を引きずり降ろせば良かったのではないか」。

代表選挙を巡っては、維新大阪系が再三にわたって松野執行部に注文をつけて変更を繰返した。最初は「国会議員一人一票に対し地方議員五人で一票」という案で内定していたが、大阪系が「同等にすべき」と主張、執行部は受け入れた。「これで決定」と思いきや、今度は「党員にも一票を与えよう」という新提案が浮上、これも執行部が了承した。橋下徹市長（最高顧問＝当時）ら大阪系の意向を尊重して、初めての試みとなる代表選挙が実現されようとしていたのに、その直前に、あれこれ注文をつけた大阪系が出て行ってしまったのだ。

山形市長選を取材していた二〇一五年九月上旬、私は永田町ウォッチャーからこんな情報を耳にしていた。

「代表選は地方議員や党員が関西地区に多いため、『候補者を擁立すれば、大阪系の勝利は確実』と見られていたが、非大阪系が党員集めを精力的に行った結果、情勢が逆転した。それで松井一郎府知事（維新顧問）と橋下市長（維新最高顧問）が離党を決断したと見られている」。

ちなみに党首選挙に投票可能な党員募集の期限は二〇一五年八月末だったが、両氏が離党表明をしたのは同時期の八月二十七日。しかも、その二日前の八月二十五日夜、松井知事は菅義偉官房長官と東京都内で会食をしていた。

二〇一五年八月二十六日付の産経新聞は「参院で審議中の安全保障関連法案や十一月二十二日投開票の大阪市長、府知事のダブル選などをめぐり意見交換したとみられる」と報じたが、永田町ウォッチャーは「この時に党首選挙の票読みをして『代表選で大阪系候補を擁立しても勝利はおぼつかない』と松井氏は判断、離党に踏み切ったと考えられる」とみていた。

この見方を裏付けるのが、二〇一五年九月二十八日付産経新聞だ。「維新分裂に『壊し屋』見え隠れ　小沢氏、代表選で松野氏援護」と銘打った記事の中で、大阪系が代表選を制する狙いで党員票と議員票の格差を同等にしたことや、党員数が約八千人から五万人以上に増えたことを紹介した上で、「橋下氏は代表選で大阪系が負ける前に先手を打つ形で党を割った」（維新関係者）という決定的なコメントが載っていたのだ。

産経新聞の記事は、「党員数増加に小沢一郎氏が関わっていた」と強調することで、「大阪系（新党組）の〝敵前逃亡〟を覆い隠す」という魂胆が透けて見える。大阪系は自らの主導で「代表選党員一票制」を決めておきながら、党員集めの努力を怠って非大阪系（東京組）に追い抜かれたことに気が付くと、白旗を上げて維新の党から出て行ったしまったわけだ。大阪系は「間抜けで姑息な人たち」としか言いようがない。たとえ党員集めで後れを取ったとしても、代表選で大阪系候補を擁立、「松野代表ら現執行部は偽物。本物の維新を取り戻す」といった政策論争を仕掛け、堂々と勝負することを、なぜしなかったのか。大阪系は「非大阪系の党員票を切り崩すことを諦めた」ともいえる。

安倍政権に接近した橋下徹・前大阪市長の変節

「維新の党が政権を取るのではないか」と予測されるほど橋下人気が急上昇したのは、「大飯原発再稼働をゴリ押ししようとする野田政権を倒す」と倒閣宣言をしたのが発端だった。元改革派経産官僚の古賀茂明氏や環境エネルギー政策研究所の飯田哲也所長や河合弘之弁護士らがメンバーの「大阪府市エネルギー戦略会議」を立ち上げ、原発再稼働なしでの節電計画を作るなどして〝原子力ムラ〟の総本山の経産省と渡り合い、政権批判を繰り返していった。この大阪府市エネルギー戦略会議は、〝脱原発ドリームチーム〟と呼ばれることもあった。

この頃は「大阪から日本を変える」というキャッチフレーズが説得力を有し、旗揚げをした維新の党は当時、政権与党の民主党や野党の自民党をも上回る支持を集めた。

しかし橋下氏はその後、原発推進の石原慎太郎・元都知事が共同代表になった頃から原発

滋賀県知事選で小鑓隆史候補の応援演説をする橋下徹氏

再稼働容認に転じて原発問題をほとんど口にしないようになった。その一方で、安倍晋三首相や菅官房長官との接触を繰り返しながら、自民党との距離を縮めていった。「大阪系は第二自民党（官邸別動隊）」と囁かれるようになったのはこのためだ。

二〇一四年七月の滋賀県知事選（第六章で紹介）で橋下氏は、元経産官僚で自公推薦の小鑓隆史候補を応援した。大飯原発再稼働に共に反対した嘉田由紀子・前滋賀県知事から「小鑓候補は原発推進」と忠告されたが、橋下氏は「都構想にお世話になっている菅さんに頼まれた」と言って応援演説を止めることはしなかった。「橋下氏は大阪市民の命と安全を守ることよりも、安倍政権との関係を優先した」と批判されたのはこのためだ。

大阪都構想の投開票日（二〇一五年五月十七日）の記者会見で私は、橋下氏にこんな質問をした。

「橋下市長が政界引退をするのは無責任ではないか。まだ残っている重大な課題がある。一つが原発再稼動反対で、あの時（野田政権の時）は大阪府民や市民を守るということで拍手喝さいを受けた。今までは大阪都構想実現のために、安倍首相や菅官房長官に遠慮をして支持を引き出そうとして政権批判を抑えていたのではないかと思うが、残り半年で安倍政権批判をするのか。再稼動について原点に戻ってはっきり言う考えはないのか」。

橋下氏はこう答えた。

「今は、僕は大阪市長でありますから、一種の特別職でありますけれども、公務員ですね、全体の奉仕者ですね。まあ政治家ということであれば、選挙で選ばれたものでありますけれども、でも国民の奴隷ではありません。ですから、これからは自分の人生をしっかりと歩んで行きたいと思います」。

「国民の奴隷」ではなく、「安倍政権の〝下僕〟」を買って出た橋下氏

「国民の奴隷ではない」と断言した橋下氏だが、その後、「安倍政権の〝下僕〟（補完勢力）

にはなる」と勘繰られても仕方がない言動を繰り返した。維新大阪系が〝党内お家騒動〟を起こした二〇一五年八月下旬、ちょうど安保法制の参院審議が山場を迎えようとしていた時期のことだ。

安倍政権は当時、衆院の強行採決で支持率低下を招いた事態を回避しようと、維新との与党協議をまとめようとしていた。「与党協議で合意にまで至らなくても委員会採決には出席してもらい、強行採決の印象を和らげる」という狙いは明らかだった。

しかし自民党の〝維新工作〟は途中でピタリと止まった。八月二十七日に高村正彦副総裁は「（維新との）話し合いには真摯に対応するが、維新が一本にまとまってくれるか慎重に見ないといけない」と述べ、消極的な姿勢を示すようになったのだ。

「安倍政権は、修正協議で参院での強行採決は回避したいと考えていた。しかし維新分裂が決定的となり、執行部が政権対決姿勢を強めることが確実になったため、自民党の思惑が外れて方針変更をした」（永田町ウォッチャー）。

安倍政権の〝維新工作頓挫〟は、党内闘争で大阪系が執行部に敗北したことを意味した。山形市長選の野党系候補を支援した柿沢未途維新幹事長辞任を強く求めた松井一郎・大阪府知事（維新顧問）は、八月二十五日に菅義偉官房長官と面談。この時点では、後任幹事長として大阪組の馬場伸幸国対委員長の名前も挙がっており、安保法制の修正協議を左右する幹事長ポスト争奪戦の様相を呈していた。与党補完勢力志向の大阪系が、野党共闘・政権対決姿勢の松野執行部から要職を奪還しようと仕掛けたというわけだ。

ちなみに柿沢幹事長は、小林節・慶應義塾大学名誉教授から「合憲」の評価を得た独自案作成に尽力した中心人物。今井雅人政調会長や小野次郎安保調査会会長らと共に小林氏に面談、助言を受けつつ維新独自案（「平和安全整備法案」など）を仕上げた。そして柿沢氏は与党協議でも「独自案のつまみ食いは許さない」と自民党に強い姿勢を示していた。

同じく独自案作成の中心人物である今井氏も、幹事長辞任問題について「安保法制の審議が山場の時にいかがなものか」と疑問視した。結局、「党のルール違反をしたわけではない。辞任する必要はない」（松野代表）とする党執行部の意向は固く、「幹事長ポストを奪取して修正協議で安倍政権と妥協する」という大阪系のシナリオが実現することはなかった。

一連の経過を辿ると、二〇一五年八月二十九日の橋下氏の新党結成宣言は、「官邸別動隊」「第二自民党（与党補完勢力）」と呼ぶのがぴったりの大阪系の本性を露呈したものといえる。

本来なら橋下最高顧問は「維新独自案を丸呑みすべき。違憲法案を強行採決なら安倍政権を打倒する」などと発言して執行部を後押しするのが普通なのに、実際には天下分け目の決戦を前に党内で〝御家騒動〟を引き起こし、安倍政権から法案根幹部分の修正（＝違憲法案を合憲法案に変更）を勝ち取ろうとする執行部の足を引っ張ったのだ。

憲法学者合憲認定の独自案発表で維新が安倍政権と対決姿勢

これに対し維新執行部の姿勢は一貫していた。

二〇一五年七月二日、「維新の党」（当時）が安保法制の独自案発表で安倍政権との対決姿勢を鮮明にし始めた。政府案を「違憲」と断じた三人の憲法学者の一人、小林節・慶應大学名誉教授の公開ヒアリングを実施。この場で小林氏は、安倍政権が閣議決定した集団的自衛権を認めない維新独自案を「合憲」と評価する一方、政府案を再び「違憲」と強調、「日本が北朝鮮のような独裁国家になる」との警告も発した。「安倍家を金家にするもの」との批判をここでも繰返したのだ。

また維新幹部や非大阪系は「六十日ルールが使えず参院が軽視されない七月末まで衆院で徹底審議をすべき。その前の採決なら審議拒否もありうる」「独自案国会提出＝採決出席とは限らない」「審議時間が不十分なら採決欠席だ」と対決姿勢を露わにしていった。松野頼久代表が六月二十五日の会見で「（国会提出で）採決に応ずる〝出汁〟だけ取られても仕方がない」と述べたのもこのためだ。

小林氏はこうみていた。

「ある自民党国会議員は『維新を自民党に国会対策で連れ込んで野党を分断、〝強行採決ではなかったよ〟と言う。どうせ維新は消えるのだから（与党接近で党勢減少した）社民党と同じように使い捨てにする』と話していました。当然、維新幹部は自民党の狙いを察知。独自案をすぐに国会提出して国対に任せるのではなく、まず国民的議論を起こすべく、独自案公表と公開ヒアリングで政府案の違憲性を浮彫りにした上で、独自案審議で安倍政権の『バカの壁』を明らかにして、さらに審議不十分を理由に採決欠席をするという考えでしょう」。

一方、安倍首相らと面談した維新最高顧問（当時）の橋下徹市長に対しては、「国会運営に苦慮した官邸が都構想で支援をした橋下氏の助けを求めた」との見方が浮上していた。

安保関連法制の国会審議と維新の会分裂

安保法制の採決をめぐって緊迫度を増す中、七月十日には維新の党が提出した独自案（「平和安全整備法案」など）についての初質疑が行われた。安倍首相はすかさず「今日の審議で（国民の）理解は相当深まった」「十分な審議がなされたという判断をいただければ、決める時には決めていただきたい」と採決の構えを見せた。

しかし維新の松野頼久代表（当時）は「（衆院での再可決を可能とする）六十日ルールが使

えない七月末までの審議は必要。その前であれば、採決欠席の可能性は十分にある」と強調。民主党（当時）が呼び掛けた野党五者会談でも強行採決阻止で一致した。

維新独自案を〝出汁〟に強行採決イメージを和らげようとする安倍政権に対し、野党が徹底審議を求めて対決姿勢を強める中、橋下徹最高顧問ら維新大阪系は「与党補完勢力」と疑われかねない言動を繰り返した。〝自民党御用新聞〟と呼ばれても不思議ではない産経新聞と維新大阪系が連携、維新執行部を揺さぶる記事を連発したようにみえたからだ。

維新独自案を掲げて安倍政権と対決しようとした矢先の七月五日、産経新聞は、橋下氏が大阪系に「維新の党から離脱準備をしておくように指示」と報じた。前日夜に開かれた地域政党「大阪維新の会」の会合で飛び出した爆弾発言だったが、「維新執行部の足を引っ張る自民党別動隊か」と疑われても仕方がない。

翌七月六日、日本記者クラブで維新独自案の説明会見が開かれたが、質疑応答では「橋下最高顧問の発言の受け止めは？」「国会会期中に維新党内が一枚岩になれるのか」という質問が出た。安倍政権と国会で論戦をしようとする直前に、後ろから弾が飛んできたようなものだ。

七月七日の民主と維新の幹事長・国対委員長会談でも、大阪系の馬場伸幸国対委員長は「採決日程決定と採決出席」を提案。これに民主党（当時）が反発して「領域警備法」共同

記者会見で維新独自案を説明する「維新の党」の柿沢未途幹事長（当時、右）と小野次郎参院議員（中央）、丸山穂高衆院議員

提案が決裂したが、翌日の党首会談で関係修復、共同提案となった。野党共闘に亀裂が入る寸前にまで行ったが、ギリギリのところで回避された形だ。

この間、松野代表や柿沢未途幹事長は「自民党にアリバイ的に利用されないようにする」「与党の補完勢力になることはない」と明言してきた。しかし馬場氏の「採決出席提案」は、強行採決を避けたい安倍政権に助け舟を出すもので、維新執行部の方針と食違っているようにみえた。そこで七月八日の馬場国対委員長（当時）の会見で「国対（馬場氏）が暴走したのでは」と聞くと、「採決出席は機関決定していないが、両党の国対レベルで話していた」と釈明した。

しかし〝採決出席カード〟を切れば、政府

はいい加減な答弁を繰り返して日程を稼ぐだけで強行採決回避が可能になってしまう。自民党を利するのは確実で、今の段階でカードを切る必然性は全くなかったのだ。

橋下最高顧問の不可解な言動は、その後も続いた。二〇一五年七月九日、松野代表（当時）は小野次郎参院議員（安保調査会会長）と小林節教授と共に外国人特派員協会で維新独自案を説明する会見に臨んだ。しかし同日の産経新聞には「橋下氏離党示唆　集団的か、個別的か…表現めぐり維新内紛」と銘打った記事が出た。

松野代表（当時）は産経の記事について「（橋下氏との）食い違いはないと思います」と述べ、橋下氏も会見で食い違いを否定して一件落着となったが、これも産経と大阪系の合作の揺さぶり記事の可能性が高い。維新事情通はこう話す。

「自民党の補完勢力になりたい大阪系は、安倍政権が望む野党分断を画策する産経と組んで、安倍政権対決・野党共闘路線の維新執行部を揺さぶっているのは明らかです。橋下最高顧問の意向を受けて六月二十日に大阪で勉強会を実施、党内論議を積み重ねて独自案をまとめた。それに対して、橋下氏が難癖をつけるのは不可解としか言いようがない」。

そもそも維新は、集団的自衛権か個別的自衛権かの国際法の〝神学論争〟に踏み込むのではなく、「憲法適合性があるか否か」を重視。今井政調会長が「維新独自案は『武力攻撃危機事態』という厳格な歯止めで自国防衛に限定している」と説明したのはこのためだ。

結局、七月九日の産経の記事は、維新が自ら否定する主張をし始めたかのように報じた〝デッチ上げ記事〟と言われても仕方がないだろう。

七月十一日付の産経新聞の「行儀見習い発言」も言いがかり程度の話だ。維新独自案作成に関わった若手議員の丸山穂高衆院議員（大阪一九区）が七月六日の記者会見で、橋下氏との関係について「ツイッターでけんかするくらい（の仲）」と発言したのを橋下氏は問題視、「けんかをする同僚ではない」「たかが二年ちょっとだけ早く政治家になったに過ぎない新人」「（大阪）維新の会で行儀見習いをさせます」と批判した。

しかし、丸山氏は「安保調査会」事務局長として独自案作成を担当。最高顧問と激論をしながらも、「合憲」と評価された独自案誕生で汗をかいた。

橋下氏は丸山氏に難癖をつける暇があったら、「違憲の戦争法案をゴリ押しする安倍政権はおかしい。合憲の維新独自案を丸飲みすべき」と批判の矛先を与党に向けていないとおかしかった。

結局、維新執行部（民進党に合流）は「隠れ自民党」と呼ぶのがぴったりの橋下氏ら維新大阪系の揺さぶりに動じず、安倍政権との対決姿勢を貫いた。こうして維新の党は分裂することになったのだ。政権対決・野党共闘を鮮明にした維新幹部の足を引っ張った安倍政権補完勢力――これが維新大阪系（現在は「おおさか維新」）の実態といえるのだ。

その後も、政権補完勢力志向の橋下氏の安倍首相への援護射撃は続いた。大阪市長退任八日前の二〇一五年十二月十日、軽減税率で自公協議が決着したことについてツイッターで「（安倍政権は）凄すぎる」「軽減税率でここまで妥協するとは」と絶賛。「これで完全に憲法改正のプロセスは詰んだ。来夏の参議院選挙で参院三分の二を達成すれば、いよいよ憲法改正。目的達成のための妥協」という解説もした。「軽減税率で譲歩した公明党はその見返りに安倍首相の悲願である憲法改正に協力するに違いない」という予測だが、安倍政権の悲願達成を広報宣伝する役割も橋下氏は始めたようなものだ。第二次安倍政権誕生の〝産みの親〟である橋下氏が、〝我が子〟の順調な足取りに喜びを隠せないようにもみえる。

二〇一五年十一月二十二日に投開票された大阪ダブル選挙で二連勝をしたおおさか維新は、国政選挙で候補者擁立を全国各地で目指す考えを明らかにもした。「自公候補（戦争法賛成）　対　野党統一候補（安保法案廃止で一致）」という対決の構図に割り込むことで、安倍政権を利する働きをするのは明らかだった。「第二自民党」「官邸別動隊」と呼ぶのがぴったりな「おおさか維新」が〝偽装野党〟として振る舞うことで、非自民票分断の役割を果たすというわけだ。

そのため、自公推薦候補が連敗をした大阪ダブル選挙は、官邸や自民党本部が手抜きした〝八百長選挙〟であった可能性は十分にある。当時、選挙結果について「自民系候補を共産党までが支援したので維新に票が逃げた」という〝共産党アレルギー説〟が囁かれたが、ダブル選挙での得票状況とは矛盾する。自民党支持者のうち維新候補に流れたのは約四割に対して公明党支持者は約三割。共産党アレルギーがより強いのはずの公明党票が自民党よりも切り崩されなかったことは、「自民党が手抜きをした」という別要因が働いていたとしか考えられないのだ。

小泉進次郎氏が大阪ダブル選挙に入らなかったことも自民党の手抜きを物語るものだ。自民党本部や官邸が本気で勝ちに行ったとみられる「滋賀県知事選」（二〇一四年七月）や「沖縄県知事選」（二〇一四年十一月）」、「沖縄県名護市長選（二〇一四年一月）」、そして冒頭で紹介した「北海道五区補選」（二〇一六年四月）では、いずれも人気抜群の進次郎氏が〝客寄せパンダ〟役として現地入りをしていたのだ。自民党選挙の本気度のバロメーターである進次郎氏が大阪入りしなかったのは、「おおさか維新を延命させるために勝ちに行くな」という官邸の指令があった可能性は極めて高いだろう。

橋下氏から離れていった古賀茂明氏

『報道ステーション』（テレ朝系）の生放送中に「I am not ABE」と書いたフリップを掲げ、

「官邸からの圧力で降板することになった」と激白した元改革派経産官僚の古賀茂明氏は、かつて橋下氏のブレーン役を務めていた。「大阪府市統合本部の特別顧問」や「大阪府市エネルギー戦略会議副会長」として橋下氏を支えていた。しかし橋下氏が石原慎太郎・元都知事と組んだのを機に袂を分かつのだが、大阪都構想の住民投票結果について「大阪市民を怖がらせてしまった」と分析していた。

「大阪都構想は否決されましたが、賛否はほぼ半々でした。反対票を投じた人の中には『改革は必要だけど、橋下徹市長がイヤ』と言う人が相当いたと思います。その理由の一つは、大阪都構想の進め方が強引で『弱者切り捨てになるのではないか？』という不安。もう一つは『国政へ影響するのではないか？』という不安です。橋下市長が安倍晋三首相と近いことは広く認知されている。しかも、憲法改正にも前向き。橋下市長が大阪都構想で勝ってしまうと維新の党が勢いづき、安倍政権が進める〝戦争できる国作り〟が加速するのではないか。大阪市民は最後の最後で怖気づいたのだと思います」

「橋下氏は安倍首相の補完勢力」という大阪府民の見方（民意）が住民投票否決の結果をもたらし、橋下氏引退につながったというわけだ。

また維新の党が分裂する前から、非大阪系議員の間では橋下氏を見離す動きも始まっていた。二〇一五年八月二四日の区市町村議員団研修会では、元ブレーン役の古賀氏が講演、次のような助言もしていた。

「『改革はしないが戦争はする自民党』に対決するには、『改革はするが戦争はしない』という第四象限（フォーラム4）の政党が不可欠。維新も民主もこの立場の政党になるといい。安倍政権と対決するのか接近するのか分からない曖昧政党から脱却、リベラルな政策をはっきりと訴えるといい。そうすれば、非自民党の受け皿になることができる」。

質疑応答では、「橋下氏は安倍政権に接近、『公武合体（幕藩体制の再編強化）』をしようとしている。『維新』を名乗っているのに進む方向が正反対」との批判も飛び出し、古賀氏に賛同する声が相次いだ。

この会合には現職の落合貴之衆院議員も参加。小野次郎参院議員や川田龍平参院議員、初鹿明博衆院議員と共に「フォーラム4」に名を連ね、「こんな法案は憲政史上出てきていない。廃案にすべき」と安保法制を批判していた若手議員だった。

結局、おおさか維新設立によって維新の党は、政権補完勢力志向の大阪系と政権対決姿勢の非大阪系に分裂、そして非大阪系が民主党と合流して民進党が誕生するに至った。安保法廃止で一致する野党が共闘する方向に進むことになったのだ。

二〇一五年のシールズの国会前集会には、戦争法（安保関連法）廃止で一致する野党や創価学会員が結集することになったが、その一方で安倍首相に近づいていった橋下氏ら政権補完勢力の実態を浮き彫りにすることにもなった。安倍政権打倒の仲間たちを結集させたシールズの〝吸引力〟は、橋下氏らおおさか維新を野党共闘・非自民の受け皿から離反させる効果があったともいえるのだ。

民進党の結党大会が開かれた二〇一六年三月二十七日、来賓として招かれた奥田愛基さんは、次のような挨拶をした。まさにシールズから日本の政治が動いていることを実感させた瞬間だった。

「何で僕がこんなところに立っているのか。こんなところであいさつするような柄じゃないんですけど、頑張ってほしいということです。なんですけど、何て言うんですかね、国民の声がなくて議員の方が頑張っているときには、大概いいことが起こらないんですね。逆に国民の声が上がっているのに、政治家の方が応えないということは、とても悲しいことであり、それでは日本の政治は変わらないんだと思っています。

昨年、安保法制に対してＳＥＡＬＤｓ、並びに本当に多くの方が声を上げた。それは政治家の方に頑張ってほしいという声だけでなく、政治家に任せていられないということなんだと思います。

しかし、安保法制が通ったときに、僕は国会前にいました。僕は国会内の音を中継で、そのままスピーカーで流していました。今でも忘れません。あまり音質のいいスピーカーじゃなかったんですけど、一人一人国会議員の名前が読み上げられ、採決された瞬間のことを。しかしですね、一つうれしかったことがありました。そのときに、『憲法違反』というコールが国会の外ではなく、国会の中から聞こえてきました。そのコールを僕はすごく覚えています。それに呼応するように、僕たちはコールを、声を上げました。政治家の方が本当に頑張ってくれている。そういうことがうれしかったということは、僕は人生、なかったように思うんですね。声を上げることでどうせ変わらないよ、という人がほとんどの中で、自分たちが声を上げることによって、政治家の人が応えてくれた。それがテレビの中継で流れていた。

僕が中央公聴会でスピーチしたときに、僕の目の前の与党の議員の方は寝ていました。はたして国民の政治離れなんでしょうか。それとも政治の国民離れなんでしょうか。この責任は俺たちにあるんでしょうか、それとも政治家の皆さんにあるんでしょうか。僕はその責任を引き受けたいと思います。この国に生きる一人の人間として、この国の責任を引き受けたいと思います。

しかしですね、『自己責任』という言葉がありますよね。僕はその言葉が非常に嫌いです。つまり、例えば『保育園落ちたの私だ』という声を上げると、『そんなの子供を産んだお前の自己責任じゃないか』という人がいます。でも、だとしたら、何のために社会はあるんでしょうか。何のために政治はあるんでしょうか。何のためにこの国はあるんでしょうか。

　我々一人一人の暮らしのために政治はあるべきであって、『お前のせいだ』と言うために政治はないはずだと思うんです。政治は開かれたものであってほしいと僕は思うんです。きっと思うことはたくさんあると思います。それが政治的な言葉になっていないだけで、この国の今は、どこかおかしいと。で、その声になってない声にも、もっともっと耳を傾けてほしいと思います。

　いま相対的貧困が六人に一人、保育園の待機児童が東京だけでも二万人以上いると言われています。そんな社会の中で自己責任といわれても、僕は『何か変だな』と思うんです、単純に。女性の活躍と言っておきながら、女性と男性の賃金はなぜこんなに違うんでしょう。なぜここに、目の前にいる人はほとんど男性なんでしょう。おかしくないですか。男性と女性の賃金はイコールであってもいいと、僕は思います。

　今年は十八歳選挙権ということもあって、すごく若者の投票率がどうこうということが話題になると思うんですけど、ぜひそういうことを、選挙の争点だからとか、話題になるからということではなく、若者の声を聞いてほしいなと単純に思います。で、そうであるならば、被選挙権も下げてほしいなと僕は強く思っています。十八歳が考えて選挙に行けというんであれば、十八歳が国会に行ったっていいじゃないですか。

民進党が、民とともに進む、国民とともに進むというスローガンが嘘じゃなくて、本気で言ってほしいなと思います。僕らはアホじゃないです。僕らはバカじゃないです。この政治家がウソをついているか、本当のことを言っているか、何となく喋っているのを聞いたら分かります。だって、みんなだまされているんだったら、戦後最低の投票率にならないでしょう。僕たちは政治家の人たちに対して『ありがとう』と言ってみたいです。単純に応援したり、『頑張ってください』と言ってみたいです。そして僕たちも頑張ります。よろしくお願いします」。

民進党の結党大会では、参院選の前哨戦とされた北海道五区補選の野党統一候補の池田まき氏のビデオメッセージも流れた。まさに安倍政権打倒の気運が高まりつつあることを実感させる集会でもあったが、奥田さんが北海道五区補選の応援で現地入りしたのは、この二週間後の四月十日のことだった。

デモをするのが当たり前となった二〇一五年、政権打倒の急先鋒は橋下徹氏から奥田さんへと〝主役交代〟をした。そして日本の将来を左右する選挙の年である二〇一六年、シールズ周辺から日本の政治が動いていくのは間違いないのだ。

あとがき
「シールズ選挙（市民参加型の野党共闘選挙）」で安倍政権打倒

橋下徹氏から奥田愛基氏へ主役交代——こう実感したのは、二〇一五年夏。国会前集会で「安倍は辞めろ！」「戦争したがる総理はいらない！」というコールを聞き、大飯原発再稼働に邁進する野田政権打倒を宣言した橋下市長（当時）と重なり合った時のことだ。違憲の戦争法をゴリ押しする安倍政権打倒を呼びかける急先鋒は奥田愛基氏らシールズとなり、かつての〝主役〟の橋下氏は憲法改正が悲願の安倍首相を下支えする補完勢力（〝下僕〟）に変り果てていたのだ。

そして日本の政治はシールズ周辺から動いていった。国会前集会の盛り上がりで野党共闘の気運が高まり、野党統一候補が参院熊本選挙区を皮切りに北海道五区補選や参院山口選挙区などで次々と擁立されていった。その現場に足を運び、安倍政権打倒（〝護憲連立政権誕生〟

による戦争法廃止）を目指す奥田氏らシールズのメンバーや野党統一候補の訴えを集め、まとめたのが本書である。

二〇一六年夏の参院選や次期総選挙で安倍政権を過半数割れに追い込むのか、それとも改憲の発議に必要な三分の二以上を自公やおおさか維新などが占めて、緊急事態法創設による安倍首相への全権委任状態（〝ナチス化〟）を招くのか。日本の将来を左右する「選挙の年」に緊急出版していただいた「緑風出版」の高須次郎氏と、奥田氏らお世話になった方々に感謝します。

二〇一六年六月八日

横田　一

［著者略歴］

横田　一（よこた　はじめ）

1957年山口県生まれ。東京工業大学卒。奄美大島宇検村入植グループを右翼が襲撃した事件を描いた「漂流者達の楽園」で、1990年ノンフィクション朝日ジャーナル大賞受賞。その後、政官業の癒着、公共事業見直し、国会議員（特に族議員）ウォッチングを続け、安倍政権に対する地方の反乱と言える滋賀県知事選、沖縄県知事選、佐賀県知事選などの選挙を取材。2015年からシールズを取材。

記事の掲載媒体は、「日刊ゲンダイ」「週刊SPA!」「週刊フライデー」「ZAITEN」「選択」「IWJ」「政経東北」など。

著書『政治が歪める公共事業』（共著）、『どうする旧国鉄債務』、『所沢ダイオキシン報道』（いずれも緑風出版）、『テレビと政治』（すずさわ書店）『トヨタの正体』（共著）、『亡国の首相安倍晋三』（七つ森書館）などがある。

シールズ選挙《せんきょ》〈野党《やとう》は共闘《きょうとう》！〉

2016年7月1日　初版第1刷発行　　定価1700円＋税

著　者　横田　一©
発行者　高須次郎
発行所　緑風出版
〒113-0033　東京都文京区本郷2-17-5　ツイン壱岐坂
［電話］03-3812-9420　［FAX］03-3812-7262
［郵便振替］00100-9-30776
［E-mail］info@ryokufu.com［URL］http://www.ryokufu.com/
装　幀　斎藤あかね
制　作　R 企 画　　印　刷　中央精版印刷・巣鴨美術印刷
製　本　中央精版印刷　　用　紙　中央精版印刷・大宝紙業　E1200

ISBN978-4-8461-1611-8　C0031